L'Éditeur remercie Guillaume Le Goff
pour l'avoir mis en relation avec l'équipe d'Ulyces.

-

Jouuue ! éditions

Fondateur : Guillaume Silvestri
Direction éditoriale : Florence Lécuyer
Direction artistique et mise en page : Nicolas Malinowsky
Corrections : Raphaëlle Vinon

Une marque du groupe Combo
Combo-editions.com

-

Ulyces

Direction éditoriale : Arthur Scheuer, Servan Le Janne, Nicolas Prouillac
Direction artistique : Guillaume Aubert
Rédacteur en chef digital : Pablo Oger
Social media manager : David Rofallet

instagram.com/ulyces.co
tiktok.com/@ulyces.co

-

ISBN : 9782487969049
Dépôt légal : septembre 2025

ULYCES

CE QU'IL NE FALLAIT PAS RATER SUR INTERNET CETTE ANNÉE

Un livre écrit par
Servan Le Janne,
Arthur Scheuer
et Nicolas Prouillac

INTRODUCTION

On voulait appeler ce livre *Antisèches de la culture contemporaine*, mais l'éditeur n'a pas trop aimé. Il avait sûrement raison, mais c'est avec cette idée en tête que l'on a conçu le livre.

Si vous avez rencontré Morpheus et pris la pilule rouge, si vous êtes déconnecté, débranché, ce livre est une porte ouverte sur la matrice, cet écran noir sur lequel on voit défiler du code vert. Ce livre n'est pas une pilule bleue, mais un hommage à ce média démiurge, envahissant et infini qu'est internet : parfois fenêtre sur le monde, parfois prison pour s'en isoler.

Ce qu'il ne fallait pas rater, pour n'être perdu dans aucune discussion, pour ne pas laisser le sens du monde s'évaporer. Pour ne pas devenir un critique frustré de l'époque parce qu'elle s'échappe entre nos neurones.

Chaque jour, le média digital Ulyces propose sur

ses plateformes, le meilleur et le pire d'Internet : culture, sport, actualités, tech, on scrolle et on ne conserve que l'essentiel pour informer et le futile pour divertir.

Le monde se complexifie en permanence, la culture devient une culture de spécialistes, il faut connaître la réf de la réf de la réf pour comprendre la réf.

Que vous ayez les réfs ou pas, ce livre est fait pour vous : il est écrit par des passionnés et des curieux, pour des passionnés et des curieux.

Un humain accompli, à la Renaissance, était une personne qui avait étudié la philosophie, l'histoire et le latin, la peinture et la sculpture, la musique, qui pratiquait l'escrime, et qui souvent avait eu le courage et la chance de voyager.

Ce modèle d'un humain complet semble inactuel, parce qu'on a le sentiment que le monde devient les mondes et la culture, les cultures. C'est pourquoi ce livre est aussi une humble tentative de partager du commun, du lien, de rassembler l'essentiel de la culture populaire de l'année. Des enquêtes, des récits, des interviews, 100% inédits, qui parlent d'espoirs, de joies, de victoires et de défaites, et c'est, simplement, le monde qui va.

On dédie ce livre aux humains, passionnés et curieux, qui aiment la culture populaire et le partage. Vous êtes les humains de la Renaissance d'aujourd'hui. Et ce livre est pour vous.

— Ulyces

PS : ce livre couvre la période de septembre 2024 au 21 juillet 2025. C'est frustrant pour des gens qui travaillent sur internet, mais tout ce qui se passe après ne sera pas couvert par le livre.

SOMMAIRE

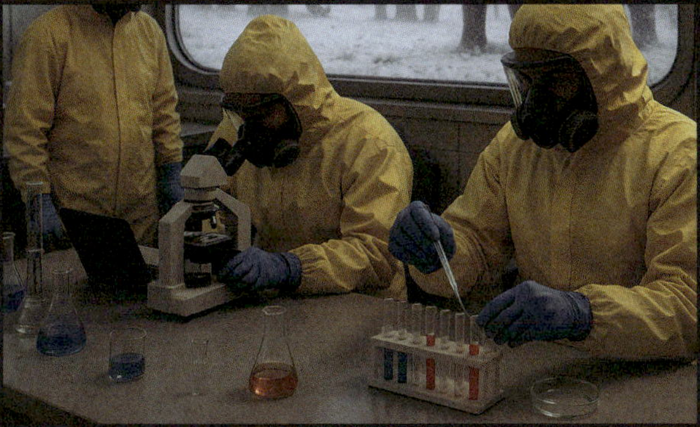

PAF!

coperni

Chapitre 01

SPORT

DONČIĆ
77
HOLLYWOOD
CLARK
MICHELIN
ZARCO
L 12
P1
-10.5
15
JOKIĆ

LE BASKET ÉTAIT UN SPORT AMÉRICAIN : COMMENT LES EUROPÉENS ONT PRIS LE CONTRÔLE DE LA NBA

IMAGE : ©ERIK DROST

Longtemps méprisés par les États-Unis, le basket européen et sa formation sont devenus en quelques années une force en NBA. Les dernières drafts mais aussi les stars de la ligue, Jokić, Antetokounmpo, Dončić et Wembanyama, sont les symptômes d'une révolution qui rend fou pas mal de monde outre-Atlantique.

15
JOKIĆ

Un mur se dresse devant Guerschon Yabusele. Après avoir contourné l'arrière américain Devin Booker, le Français se retrouve face à Lebron James, 2,06 mètres pour 113 kilos.
Ce 10 août 2024, l'équipe de France masculine de basket est déjà menée 40 à 33 par les États-Unis en finale des Jeux olympiques de Paris et un géant leur barre la route sous le cercle de l'Arena Bercy. C'est le moment que choisit Yabusele, à moins que ce ne soit l'inverse, pour s'envoler et coller un poster à l'un des meilleurs basketteurs de tous les temps : pendant qu'il dunke rageusement, King James bascule en arrière et se retrouve au sol. *« Casse-toi de là »*, lui lance l'intérieur du Real Madrid, qui sera transféré huit jours plus tard aux 76ers de Philadelphie, dans la très prestigieuse National Basketball Association (NBA) où il figurera encore cette saison sous le maillot des New York Knicks. L'Amérique vacille et Internet s'enflamme. Un internaute a même reproduit le geste sur le jeu NBA 2K.

Malgré son insolente réussite (20 points), Yabusele n'a pu empêcher la victoire d'une Team USA portée par Stephen Curry, Kevin Durant et bien sûr Lebron James. Mais ces stars du basket ont toutes plus de 35 ans. En décembre 2024, le dernier a même passé la barre des 40 et, s'il est encore performant avec les Los Angeles Lakers, sa relève est déjà assurée. Au terme d'un improbable trade en février 2025, la franchise californienne a récupéré Luka Dončić, 26 ans et seul joueur de NBA, avec Michael Jordan, à avoir marqué plus de 10 000 points, 3 000 rebonds et 3 000 passes décisives avant d'avoir 25 ans. Joueur préféré de Lebron James, le Slovène est appelé à régner sur une discipline dont l'autre grand espoir jouait avec Guerschon Yabusele le 10 août 2024 à l'Arena Bercy : à 21 ans, le Français Victor Wembanyama (San Antonio Spurs) attend son retour de blessure pour reprendre sa progression et viser le titre de Most Valuable Player (MVP).

« Aucun Américain n'avait de chance d'être élu meilleur joueur la saison dernière »

Fait rare, aucun Américain n'avait de chance d'être élu meilleur joueur la saison dernière. En dehors du Canadien Shai Gilgeous Alexander (Thunder d'Oklahoma City), qui a finalement été couronné, les prétendants venaient tous du Vieux Continent, qu'il s'agisse du Serbe Nikola Jokić (Denver Nuggets) sacré en 2021, 2022 et 2024 ou du Grec Giannis Antetokounmpo (Milwaukee Bucks), honoré en 2019 et 2020. La récompense de 2023 a échappé aux Européens, encore que l'Américano-Camerounais Joel Embiid (Philadelphie Sixers) possède un passeport français. Français étaient aussi les deux joueurs qui se sont retrouvés tout en haut de la draft 2024, Zaccharie Risacher (Atlanta Hawks) et Alexandre Sarr (Washington Wizards). En prenant la succession de Wembanyama, le premier a une nouvelle fois écœuré les Américains. *« Les Spurs vont drafter Risacher et Salaun juste parce qu'ils sont français et que Wemby a dit qu'ils étaient sympas »*, raillait un compte sur X, avant que les joueurs finissent aux Atlanta Hawks et aux Charlotte Hornets.

Les amateurs vont devoir s'y faire. *« Quand Stephen Curry, Kevin Durant et Lebron James prendront leur retraite, le basket américain va devoir se mouiller la nuque pour tourner la page »*, prédit Rémi Reverchon, ancien basketteur reconverti en commentateur sur l'antenne de beIN Sport. Sans eux, la finale entre Indiana et Oklahoma City n'a pas passionné les foules. La première manche disputée début juin 2025 a réalisé la troisième pire audience de l'histoire du championnat. Il faut dire qu'aucune vedette européenne n'était sur le parquet… Éclaboussée par le talent de Dončić, Jokić, Antetokounmpo, Wembanyama, la NBA comptait déjà 125 joueurs étrangers la saison dernière, dont 61 originaires du Vieux Continent. Un record qui a le don d'agacer certains patriotes. *« Je ne crois pas qu'un étranger puisse incarner la NBA »*, rageait le présentateur de ESPN Stephen A. Smith en février. *« Je sais que ce sont des stars internationales, qu'ils sont célèbres dans le monde entier, mais le basket est un sport américain. »* Seulement les Américains ne sont plus vraiment prophètes chez eux.

« Voir des Serbes, des Grecs, des Slovènes ou des Français dominer la NBA, ça emmerde du monde »

DONČIĆ
77
HOLLYWOOD
DONČIĆ
77
DONČIĆ
77
HOLLYWOOD
DONČIĆ
77
DONČIĆ

« Le basket américain va devoir se mouiller la nuque pour tourner la page »

« Voir des Serbes, des Grecs, des Slovènes ou des Français dominer la NBA, ça emmerde du monde », constate Rémi Reverchon. *« Mais les franchises de ces joueurs sont ravies de les compter dans leurs rangs. »* Du côté de Sacramento, par exemple, le nom de Domantas Sabonis est inlassablement couvert d'éloges. Huitième du classement MVP en 2023-2024 et sélectionné à l'All-Star Game en 2020, 2021 et 2023, le Lituanien est pourtant bien placé pour savoir que les Européens ont mis du temps avant de s'imposer en NBA. Son père est l'un des premiers étrangers à s'être fait un nom outre-Atlantique.

Quand Arvydas Sabonis voit le jour en 1964, la Lituanie n'est pas tout à fait un pays mais c'est déjà le pays du basket. Indépendante entre 1918 et 1940, avant d'être intégrée à l'URSS, la nation balte s'est notamment fait connaître en remportant les championnats d'Europe de 1937 et 1939, sous la conduite de Pranas Lubinas, un athlète de 2 mètres né aux États-Unis de parents lituaniens. Doté *« de longs bras, de longues jambes, d'épaules carrées, souple et rapide »*, selon son entraîneur de l'époque, le père Sabonis se retrouve donc très jeune sur les parquets.

Enrôlé par le club de la capitale, le Žalgiris Kaunas, il rejoint rapidement les rangs de la sélection soviétique. Sous ses couleurs, Arvydas brille lors d'une tournée américaine organisée en 1982. *« C'est peut-être le meilleur basketteur étranger que j'aie jamais vu »*, dira de lui le coach Bobby Knight. Drafté par les Hawks en 1985 et par les Trail Blazers en 1986 sans même le savoir, le pivot lituanien ne rejoint Portland qu'en 1995, après un passage en Espagne. À 31 ans, ses plus belles années sont derrière lui. Il n'empêche, Sabonis tourne à 23 points et 10 rebonds de moyenne et le public est conquis.

Si la NBA est en voie d'ouverture depuis l'arrivée de David Stern aux manettes, en 1984, elle ne compte alors que 2 % d'étrangers, parmi lesquels il faut citer le Néerlandais Rick Smits, le Serbe Vlade Divac ou le Croate Dražen Petrović. Lequel Dražen Petrović mène son pays, tout juste indépendant, en finale des Jeux olympiques de Barcelone en 1992. Aux côtés de Toni Kukoč, qui prendra bientôt la direction des Chicago Bulls, la Croatie s'incline dans les grandes largeurs face aux coéquipiers (117-85) de Michael Jordan. La Dream Team impressionne le monde et crée des vocations.

Dans la chambre du petit Tony Parker, fils de basketteur comme Domantas Sabonis, les murs sont recouverts de posters de Jordan. C'est pour marcher sur ses pas de géants qu'il débarque en NBA en 2001. Malgré son talent précoce, Parker n'est drafté qu'en 28e position. *« À l'époque, [les Américains] n'avaient aucun respect pour les Européens »*, a raconté le meneur français dans une interview accordée à Booska-P en septembre 2023. *« Tu n'avais pas de franchise players européens. »* Aux côtés du natif de Bruges, les premiers à endosser ce rôle sont l'Espagnol Pau Gasol et l'Allemand Dirk Nowitzki. Nowitzki restera d'ailleurs le seul européen élu MVP jusqu'à l'avènement de l'ère Antetokounmpo et Jokić.

En 2018, le talent fou de Luka Dončić ne lui permet que de se hisser sur la troisième marche de la draft. *« Les franchises avaient encore peur de drafter très haut un Européen »*, observe Rémi Reverchon. Ce temps est révolu. Désormais, *« les Américains sont obsédés par l'idée de trouver la nouvelle pépite européenne »*, ajoute le journaliste. Mais une partie du public a du mal à suivre. *« Les playoffs NBA vont me rendre raciste envers les Européens »*, pouvait-on lire sous une vidéo de Dončić partagée sur X le 14 mai. Les Américains peuvent se rassurer avec le jeune Cooper Flagg, bien placé pour venir concurrencer les Jayson Tatum, Anthony Edward ou Ja Morant à l'avenir. Le basket reste un sport US. Mais avec leur formation très technique, et leurs profils hors du commun, les Européens sont bel et bien en train de prendre les commandes en NBA. ●

POUR L'HISTOIRE DE LA BOXE FRANÇAISE : BRUNO SURACE RACONTE SON KO LÉGENDAIRE SUR LE NUMÉRO 2 WBC

IMAGE : ©ADALAREAL

Pour son premier combat hors d'Europe, Bruno Surace devait être une proie facile pour la star mexicaine Jaime Munguia. Mais le Marseillais aux airs de bon garçon, titulaire d'un double diplôme en droit et en management du sport, avait décidé de choquer le monde ce soir-là.

J'ai signé le contrat en novembre 2024, cinq semaines avant le combat. C'est Abdel Achour, le directeur de mon club, le Noble Art du Pays d'Aix, qui me le présente. Tout va super vite. Je me dis : *« C'est enfin à toi de le faire. »* Une grande vague de joie m'envahit. Pour un boxeur marseillais qui ne s'est jamais montré à l'étranger, c'est fantastique de pouvoir se mesurer au vice-champion du monde, à une star comme Jaime Munguia. Je sais qu'on va se battre chez lui, au Mexique, dans un stade de 30 000 places. Tous les yeux seront rivés sur nous. Donc très vite, je me dis qu'il va falloir prendre la mesure de la situation et être à la hauteur. Parce que ce n'est pas tout de faire ce combat, il faut aussi le gagner. J'en parle d'abord à mon staff, puis à ma famille et à mes amis. Ils ne sont pas tous rassurés. Jaime Munguia a été plusieurs fois champion du monde, il a 80 % de victoires par KO, c'est un *« tueur »*. D'ailleurs, certains me disent que je vais me faire tuer. Donc j'essaye de leur expliquer que ce combat est non seulement quelque chose de très important, mais aussi un vrai kiff pour moi.

Pour Munguia, c'est surtout l'occasion de fêter son retour à Tijuana et de briller avant d'affronter Christian Mbili. On m'a choisi car je ne suis « que » 55e mondial. Même si j'ai un titre national et un titre européen, je n'ai pas beaucoup de victoires par KO. Donc ils se disent que ma boxe est élégante, mais pas très dangereuse. Je combats d'habitude dans la catégorie en dessous, en poids moyen, ce qui fait qu'il est censé avoir un avantage physique. Je suis sa victime annoncée. Mon seul avantage, c'est que je connais bien son style. Dans mon équipe, tout le monde l'a vu à l'œuvre. Pendant les cinq semaines qui séparent la signature du contrat du combat, je me fais un entraînement sur mesure. Au fil des jours je sens l'excitation monter. Je veux montrer qui je suis et c'est une opportunité unique de le faire.

« Quand j'y pense, c'est fou. À 5 heures du combat, notre préoccupation c'est de trouver du café »

Autour de moi, les gens appréhendent un peu, mais ils voient ma détermination. Je sens de la fierté chez mon père. C'est lui qui m'a amené à la boxe quand j'avais 3 ans. J'ai grandi à Marseille, dans le quartier de la Belle de mai. Il y avait des gens d'horizons différents et ça m'a appris à parler avec tout le monde. J'ai aussi essayé plusieurs sports. Le football, ça n'a pas trop marché, je me suis mis au taekwondo avec ma sœur, qui a fini par être championne de France de la discipline. Mais finalement, c'est la boxe qui a pris le dessus. Le jour où j'ai été vice-champion de France cadet, à 14 ans, j'ai décidé de ne faire plus que ça. J'ai toujours aimé la compétition, mais je ne me projetais pas tellement. Ça s'est fait étape par étape. Jamais je n'aurais pu rêver d'être parmi les meilleurs au monde. Il y a 5 ans, si on m'avait dit que j'allais boxer au Mexique, j'aurais rigolé.

Ce voyage, c'est la grande aventure pour moi qui ne suis jamais sorti d'Europe. Le billet nous est envoyé la veille, on fait 30 heures de vol avec une escale en Turquie et un passage à Mexico. Finalement, on arrive avec six jours d'avance sur le combat et 9 heures de décalage horaire dans les pattes. Le mec qui nous emmène à l'hôtel porte un calibre à la ceinture. Sur place, il n'y a pas de taxi pour aller à la salle de sport, on vient nous chercher 4 heures avant chaque interview, ce qui fait qu'on se retrouve tout le temps à poireauter, nos vestiaires, ce sont des douches… C'est la galère, mais on en rigole. Je me dis : *« rien ne peut gâcher mon moment. »* Aux conférences de presse, je sens qu'ils sont un peu suffisants. J'ai des lunettes, j'ai une tête de gentil. J'en suis conscient donc j'en joue un peu. Je fais le mec sympa, je dis : *« Je m'appelle Bruno, je suis de Marseille et je suis déterminé à gagner ce combat, croyez-le ou non. »* De toute façon, j'aime l'adversité et je ne suis pas de nature à me noyer sous la pression.

« La droite touche au bon endroit, elle est bien exécutée, je vois dans ses yeux qu'il ne va pas se relever »

Dans la dernière ligne droite, je commence à me demander quand la pression va arriver. Le matin du combat, je sens enfin quelque chose monter. Mais très vite, ça passe. On sort de l'hôtel, on se met à la recherche d'un bon café et on marche 40 minutes pour trouver. Ça ne court pas les rues à Tijuana. Quand j'y pense, c'est fou. À 5 heures du combat, notre préoccupation c'est de trouver du café. Après ça, on se rend au stade. Je suis encore détendu. Après tout, c'est lui qui doit des comptes aux spectateurs, moi je veux juste profiter de l'opportunité qui m'est offerte. Et puis, quand je mets le bandage, je me déconnecte, je suis dans ma bulle. C'est mon moment. Si je me foire, je me foire devant le monde entier. Je suis à poil. Personne ne croit en moi. Mais vous allez voir de quel bois je suis fait.

« Je regarde partout, j'essaye de tout retenir, je suis une éponge. Je sais que si demain j'arrête le sport, je garderai ça avec moi toute la vie »

Je me sens tout de suite en jambe. C'est d'ailleurs pour ça que je tombe au deuxième round, je suis en confiance, j'enchaîne les coups et je le paye cash. Mais comme je comprends pourquoi j'ai chuté, ça m'enlève un stress. D'autant qu'il n'y a pas dix kilomètres entre nous. Je sais qu'il ne fait pas toujours les efforts défensivement, qu'il a tendance à mal se replacer après ses attaques. À partir de là, je cherche le bon moment et, quand je le vois baisser sa garde, je saute sur l'occasion. La droite touche au bon endroit, elle est bien exécutée, je vois dans ses yeux qu'il ne va pas se relever. Et puis il se redresse, mais sans vraiment tenir sur ses jambes. Là, je sais que c'est fini.

Le public est pétrifié. Je me dis : *« Bruno, prends le maximum d'informations parce que tu ne revivras peut-être jamais un moment comme ça. »* Je regarde partout, j'essaye de tout retenir, je suis une éponge. Je sais que, si demain j'arrête le sport, je garderai ça avec moi toute la vie. Et puis je dédie cette victoire à mes deux amis boxeurs qui sont partis, Sofiane et Julien. C'est la place qu'ils auraient dû avoir, je veux vivre ça avec eux. Au moment où je sors du ring, je fais un bain de foule et je sens qu'un mec me met une droite. Je me dis : *« Non, ce n'est pas possible, il n'a pas fait ça ? »* Il retente. Donc la sécurité intervient et on se fait escorter pour sortir du stade.

L'adrénaline met du temps à redescendre. Pendant les dix jours suivants, on fait un tour de la côte ouest des États-Unis. Et puis, en janvier, je vais à la cérémonie de Ring magazine et j'y suis sacré *« surprise de l'année »* devant mes pairs, devant des boxeurs que j'ai regardés à la télévision toute ma vie, de grands champions. Ces gens-là me connaissent maintenant, ils me respectent et me regardent prendre un trophée. Je suis comme un gosse. C'est l'un des plus grands moments de ma vie. C'est quelque chose qu'on ne m'enlèvera jamais. Maintenant qu'il a été testé positif à l'issue de la revanche, qui s'était jouée à peu de choses, c'est lui qui a besoin de moi pour redorer son image.

Si Bruno Surace s'est incliné de justesse lors de la revanche organisée en mai 2025, Munguia a par la suite été contrôlé positif à la testostérone. « Je trouve ça dégueulasse », *a réagi le boxeur.* « La fédération va le sanctionner et le combat sera un no contest », *indique-t-il au moment où nous imprimons ces lignes.*

LE GUIDE ULTIME DES CLUBS DE FOOT PARISIENS

Paris a retrouvé sa magie. Premier club français sacré champion d'Europe depuis Marseille en 1993, le Paris Saint-Germain vient d'être rejoint en Ligue 1 par le Paris FC. Il y aura donc deux formations de la capitale dans l'élite, ce qui n'était plus arrivé depuis 1990. Leurs stades ne sont séparés que de 44 mètres. Mais ce ne sont pas les seules équipes à faire vibrer la Ville lumière.

Paris Saint-Germain

Arne Slot avait prévenu : *« Paris est la meilleure équipe d'Europe »*, assurait l'entraîneur de Liverpool, avant son élimination en huitième de finale de Ligue des champions. Les Parisiens lui ont donné raison. Sacré champion de France pour la 13e fois de son histoire, le PSG a remporté sa première Ligue des champions en écrasant l'Inter de Milan 5 à 0 en finale, du jamais vu. Le lointain descendant du Stade saint-germanois (1904), issu d'une fusion avortée avec le Paris FC en 1972, courrait après ce titre depuis son rachat par le Qatar en 2011.

Paris FC

Le Paris FC retrouve enfin l'élite. Fondé en 1969 alors que le Racing Club de France venait de perdre son statut professionnel, le PFC chute en deuxième division dès 1974, au moment même où le PSG se hisse au plus haut niveau. Après un demi-siècle de purgatoire, le voilà de retour avec les moyens de la famille Arnault et de Red Bull.

Red Star

Né à Paris en 1897, le Red Star tire son nom de la compagnie maritime « Red Star Line », utilisée par la gouvernante de l'un des fondateurs, Jules Rimet. Il évolue à Saint-Ouen depuis les années 1930 et alterne longtemps entre première et deuxième division avant de déposer le bilan en 1978. Souvent présenté comme le club populaire par excellence, il vient de terminer 15e de Ligue 2.

Paris 13 Atletico

Maintenu en National à la dernière journée, le Paris 13 Atletico est avant tout le club d'un quartier, le 13e arrondissement de Paris, où il a été fondé en 1968 sous le nom de FC Gobelins. Après avoir absorbé le Stade olympique de Paris en 2012, devenant au passage l'un des clubs français qui comptent le plus de licenciés, il a pris son nom actuel en 2020.

ILS ONT CHOQUÉ LE MONDE CETTE ANNÉE

Carlos Alcaraz : auteur de la plus grande finale de l'histoire face à Carlos Sinner, l'Espagnol a remporté son deuxième Roland-Garros d'affilé en juin.

Simone Biles : la gymnaste américaine a récolté quatre médailles aux Jeux olympiques de Paris, dont trois en or. Elle a été élue sportive de l'année lors de la cérémonie des Prix Laureus du sport à Madrid.

Loïs Boisson : classée 361e mondiale avant son parcours incroyable à Roland-Garros, la Française de 22 ans ne s'est inclinée qu'en demi-finale face à la n°2 mondiale, l'Américaine Coco Gauff. Devenue en quelques matchs la Française n°1 au classement WTA, elle a décroché son premier titre WTA à Hambourg (Allemagne) en juillet, ce qui lui a permis d'intégrer le top 50 mondial.

Caitlin Clark : premier choix de la draft WNBA la saison dernière, la meneuse de jeu américaine a battu tous les records pour sa première saison dans l'élite du basket mondial, devenant la première rookie à réaliser un triple-double. Le magazine *Time* l'a élue sportive de l'année.

Ousmane Dembélé : replacé dans l'axe par Luis Enrique, l'attaquant tricolore a enfilé les buts (35) pour conduire le Paris Saint-Germain sur le toit de l'Europe.

Désiré Doué : auteur d'un doublé en finale de Ligue des champions contre l'Inter Milan (5-0), le jeune homme de 19 ans a impressionné l'Europe par sa classe.

Luis Enrique : chantre du beau jeu, le coach espagnol n'a eu besoin que de deux saisons pour amener le Paris Saint-Germain au titre de champion d'Europe.

Coco Gauff : à seulement 21 ans, l'Américaine a accroché un deuxième titre du Grand Chelem à son tableau de chasse en venant à bout de la numéro 1 mondiale Aryna Sabalenka en finale de Roland-Garros.

Shai Gilgeous-Alexander : élu MVP de la saison régulière et des finales, le meneur du Oklahoma City Thunder a terminé meilleur marqueur de NBA avec 32,7 points par match en moyenne. Il a aussi porté son équipe vers un titre historique.

Keely Hodgkinso : dans la foulée de sa médaille d'or aux Jeux olympiques de Paris sur 800 mètres, la coureuse de demi-fond britannique a été désignée sportive de l'année 2024 par la BBC.

Katie Ledecky : devenue la deuxième femme de l'histoire à avoir gagné quatre fois de suite la même épreuve des Jeux olympiques, la légende de la natation américaine a pulvérisé son record sur le 800 mètres nage libre en mai.

Kylian Mbappé : pour sa première saison au Real Madrid, l'avant-centre français a inscrit plus de buts en Liga (31) que les légendes Alfredo Di Stefano, Benzema, Iván Zamorano et Cristiano Ronaldo.

Tadej Pogačar : maillot jaune du Tour de France 2020, 2021, et 2024, le coureur slovène est bien parti pour s'imposer à nouveau sur la compétition reine. Mais il n'a pas encore franchi la ligne d'arrivée au moment où ce livre est imprimé.

Aitana Bonmati : la Ballon d'or féminin 2023 et 2024 a encore remporté le championnat d'Espagne et n'a échoué qu'en finale de Ligue des champions avec le Barça.

Aryna Sabalenka : la Biélorusse a complété son large tableau de chasse avec l'Open d'Australie et l'US Open 2024, ce qui lui a permis de finir la saison à la première place du classement mondial.

Valentina Shevchenko : la meilleure combattante de la catégorie poids légers en UFC est inarrêtable. En mai, elle a conservé son titre aux dépens de la Française Manon Fiorot.

Jannik Sinner : après sa suspension pour dopage, l'Italien s'est adjugé l'US Open, l'Open d'Australie et Wimbledon pour signer son retour au sommet du tennis mondial.

Ilia Topuria : après son titre de champion poids plumes de l'UFC en 2024, l'Espagnol d'origine géorgienne a décroché la ceinture des poids légers en envoyant la légende Charles Oliveira au tapis. Il est ainsi devenu le deuxième combattant MMA de l'histoire doublement titré après Conor McGregor.

Oleksandr Usyk : champion du monde poids lourds en 2024, l'Ukrainien est devenu le troisième boxeur à décrocher les quatre ceintures (WBA, IBF, WBO et WBC) dans deux catégories différentes (poids lourds et poids lourds-légers).

Max Verstappen : quadruple champion du monde de Formule 1 en titre, le pilote néerlandais est bien parti pour reconduire son hégémonie sur la discipline.

Lamine Yamal : tout juste champion d'Europe avec la Roja, le jeune homme de 17 ans a joué un rôle décisif dans le titre du FC Barcelone.

Weili Zhang : championne poids pailles de l'UFC, la Chinoise de 35 ans a conservé sa ceinture MMA en février en venant à bout de la combattante américaine Tatiana Suarez, jusqu'alors invaincue.

Cette liste couvre la période de septembre 2024 à juillet 2025

LE DESTIN D'ILIA TOPURIA : EN VOULANT DEVENIR MCGREGOR, IL EST EN BONNE VOIE POUR LE DÉPASSER

Deuxième combattant de l'histoire à être sacré champion des poids plumes puis des poids légers à l'UFC après Conor McGregor, Ilia Topuria veut devenir le premier à décrocher trois ceintures UFC. Pour dépasser son idole de jeunesse, il devra battre Islam Makhachev, élève de la némésis de Conor, Khabib Nurmagomedov : un scénario à la Rocky.

« Après avoir grandi dans l'admiration de McGregor, Topuria met désormais tous les atouts de son côté pour le dépasser»

Charles Oliveira gît au sol. Alors que les lumières viennent de s'éteindre pour le combattant brésilien, ce samedi 28 juin à la T-Mobile Arena de Las Vegas, pour l'UFC 317, le flash d'un appareil photo illumine le visage de son bourreau. Après avoir envoyé une légende du MMA au tapis, avec un de ses combos de boxe anglaise injouables, Ilia Topuria, rempli d'adrénaline, fond sur son adversaire déjà inerte. Sur le cliché qui immortalise la scène, on peut le voir accroupi, la main gauche posée à même le torse d'Oliveira et le poing droit dans les airs, prêt à s'abattre comme un marteau sur son visage ensanglanté. C'est aussi un flash pour les habitués de cette compétition d'arts martiaux mixtes : la position de Topuria ressemble trait pour trait à celle de Conor McGregor lors de sa victoire contre José Aldo en 2015. Une foule de montages diffusés sur les réseaux en atteste.

Leurs points communs ne s'arrêtent pas à ce test de Rorschach photographique. En venant à bout de Charles Oliveira par KO en à peine 2,37 minutes, l'Hispano-Géorgien a non seulement pris la tête du classement « pound for pound » (toutes catégories confondues), mais il est devenu le deuxième combattant de l'histoire à être sacré champion des poids plumes puis champion des poids légers… après Conor McGregor. L'Irlandais a d'ailleurs salué sa victoire sur Twitter avant de partager un DM que Topuria lui avait envoyé en 2016 sur Instagram. *« Bravo. Un jour je serai [comme] toi »*, lui écrivait le jeune homme, qui débutait alors à peine dans la discipline.

Né le 21 janvier 1997, le Géorgien rallie l'Espagne à 15 ans, dans la foulée de la guerre russo-géorgienne de 2008. Après s'être initié à la lutte gréco-romaine et au jiu-jitsu brésilien, il suit les pas de son frère, Aleksandre Topuria en MMA. Mais son vrai modèle s'appelle Conor McGregor. Au fil de ses victoires, Ilia Topuria ne cesse de singer l'Irlandais en reprenant sa gestuelle, ses expressions et même certains de ses tatouages. Pendant la conférence de presse suivant son triomphe face à Alexander Volkanovski à l'UFC 298, en février 2024, il subtilise la ceinture de l'Australien pour imiter le vol perpétré par McGregor, là encore aux dépens de José Aldo.

Ses adversaires l'accusent de n'être qu'un épigone. *« Topuria n'est qu'une copie conforme de Conor McGregor »*, a moqué le combattant britannique Paddy Pimblett après le combat face à Oliveira. Une accusation déjà portée par l'Hawaïen Max Holloway le 23 octobre 2024, à l'aube de leur affrontement. Mal lui en a pris. Quelques jours plus tard, « El Matador » lui infligeait le premier KO de sa carrière.

Après avoir grandi dans l'admiration de McGregor, Topuria finit par faire sa rencontre. Il ressent alors *« une aura infernale »* et même *« une énergie noire »* qui l'incite à se tenir à bonne distance, comme il le racontera en juin 2023 lors d'une interview donnée à la chaîne YouTube espagnole Glamtera Visuals. *« Conor était un modèle pour moi quand j'étais jeune »*, a-t-il expliqué au site MMA Weekly en novembre 2024. *« Je voulais suivre ses pas parce qu'il était un exemple qui montrait qu'on pouvait tout réussir à force de travail, de constance et d'efforts. Mais il a perdu tout ça en trahissant les valeurs qui l'avaient conduit au succès. »* L'Irlandais n'en a vraisemblablement pas pris ombrage, puisqu'il a félicité Topuria pour sa victoire face à Oliveira. Avant de supprimer son tweet.

Avec ses 9 millions d'abonnés sur Instagram, le jeune combattant qui vit à Madrid n'a pas encore l'envergure d'un McGregor, suivi par 46 millions de personnes. Mais il ambitionne de forger sa propre légende en allant défier Islam Makhachev chez les poids mi-moyens, afin de devenir le premier triple champion de l'histoire de l'UFC. Le Russe est entraîné par son compatriote Khabib Nurmagomedov, qui avait vaincu McGregor en 2018 lors du combat le plus lucratif de l'histoire du MMA. Si le destin et le matchmaking de l'UFC le permettent, ce scénario shakespearien servirait de toile de fond à ce qui serait sans doute le plus grand combat de MMA de tous les temps.

LA FOLLE HISTOIRE DE COMMENT DEMBÉLÉ EST DEVENU FAVORI POUR LE BALLON D'OR

Passé de pépite du foot mondial à virtuose inconstant, Ousmane Dembélé n'avait aucune chance de retrouver son nom associé au Ballon d'or jusqu'au milieu de la saison dernière, à moins de déclencher les railleries. Mais en 2025, sous Luis Enrique, la perspective de le voir adoubé meilleur joueur du monde ne fait plus rire personne : il est désormais le grand favori.

« Je donnerais le Ballon d'or à Ousmane pour la façon dont il a défendu dans cette finale »

IMAGE : @ULYCES

Qui attendait Ousmane Dembélé à un tel niveau ? Absent du classement du Ballon d'or l'an dernier, grevé par les blessures et son manque d'efficacité, l'attaquant français est aujourd'hui le favori des bookmakers pour décrocher le trophée qui récompense le meilleur footballeur de l'année. Auteur de 33 buts et de 15 passes décisives cette saison (hors Coupe du monde des clubs), il a porté son équipe vers un quadruplé historique, avec le Trophée des champions, le championnat de Ligue 1, la Coupe de France et surtout la Ligue des champions.

Ce retournement de situation est d'autant plus inattendu que Dembélé a toujours paru capable de rivaliser avec les meilleurs, sans jamais s'asseoir à leur table. Doué d'un talent précoce, il avait à peine fait ses premiers pas avec le Stade rennais, à l'âge de 18 ans, que le gotha du football européen s'intéressait à lui. *« Je vais me mouiller, mais il pourrait prétendre au Ballon d'or »*, prédisait l'ancien international français Mikaël Silvestre dans les colonnes de *France Football* en janvier 2016. *« J'ai vu Cristiano Ronaldo arriver au même âge à Manchester United, et Ousmane a des caractéristiques qui me rappellent le jeune Cristiano. »*

Après un passage réussi au Borussia Dortmund, le Normand débarque au FC Barcelone pour remplacer le Brésilien Neymar, parti au Paris Saint-Germain. Mais les dirigeants catalans qui ont déboursé la coquette somme de 105 millions d'euros, plus 40 millions de bonus, regrettent vite son indiscipline. *« Les préparateurs physiques m'ont prévenu que si je ne travaillais pas aussi en dehors du terrain, je n'aurais pas de plaisir en match »*, a raconté Dembélé à *Mundo Deportivo*. *« Ils m'ont dit : "Tu ne vas pas beaucoup jouer, tu vas te blesser". Mais je ne le voyais pas comme ça, j'étais trop jeune. »*

Écarté des terrains par des pépins physiques, l'attaquant rate 119 matchs en six saisons, en sorte que certains supporters s'avouent soulagés de le voir partir pour Paris en 2023. Dans la capitale, Dembélé n'a pas tout de suite le rendement escompté. Agacé par son comportement et son manque d'altruisme, Luis Enrique décide même de ne pas le retenir pour un match de Ligue des champions face à Arsenal, à Londres, en octobre. Un tournant. *« La meilleure chose que j'ai faite, c'est de ne pas l'avoir fait jouer à Londres »*, commentera plus tard le coach du PSG. *« C'est ma meilleure décision de l'année. Le reste, c'est lui qui l'a fait tout seul. »*

Mais l'Espagnol a une autre bonne idée : repositionner Dembélé à la pointe dans l'attaque parisienne, dans une position de faux neuf où il enfile les réalisations comme des perles. Le 29 avril, c'est même lui qui marque l'unique but de la demi-finale aller de Ligue des champions contre Arsenal, à Londres. Cette saison, Dembélé a incontestablement porté son équipe vers un titre de champion d'Europe historique. *« Je donnerais le Ballon d'or à Ousmane Dembélé pour la manière dont il a défendu dans cette finale »*, a expliqué Luis Enrique après l'ultime rencontre de Ligue des champions, remportée 5-0 face à l'Inter Milan. *« C'est ce qu'on appelle mener une équipe. »* Mikaël Silvestre avait raison.

LE LIEU DE L'ANNÉE : L'ARABIE SAOUDITE

IMAGE : ©ULYCES

En seulement quelques mois, l'Arabie saoudite s'est taillé une place centrale dans le monde du sport à coups de millions de dollars. Sur la péninsule, *« les meilleurs combattront les meilleurs »*, a plastronné le président de l'UFC, Dana White, au moment d'annoncer la création d'une ligue de boxe avec le puissant promoteur saoudien Turki Al-Sheikh, en mars dernier. Une ambition qui transcende les disciplines, puisque Riyad poursuit ses investissements dans le MMA, l'athlétisme, l'automobile ou encore le football, dont la Coupe du monde masculine aura lieu dans le royaume en 2035. De quoi braquer un peu plus les projecteurs sur ses équipes, qui ont déboursé 1,62 milliard d'euros depuis l'été 2023, soit plus que la Liga espagnole.

L'OBJET DE L'ANNÉE : LA MOTO DE JOHANN ZARCO

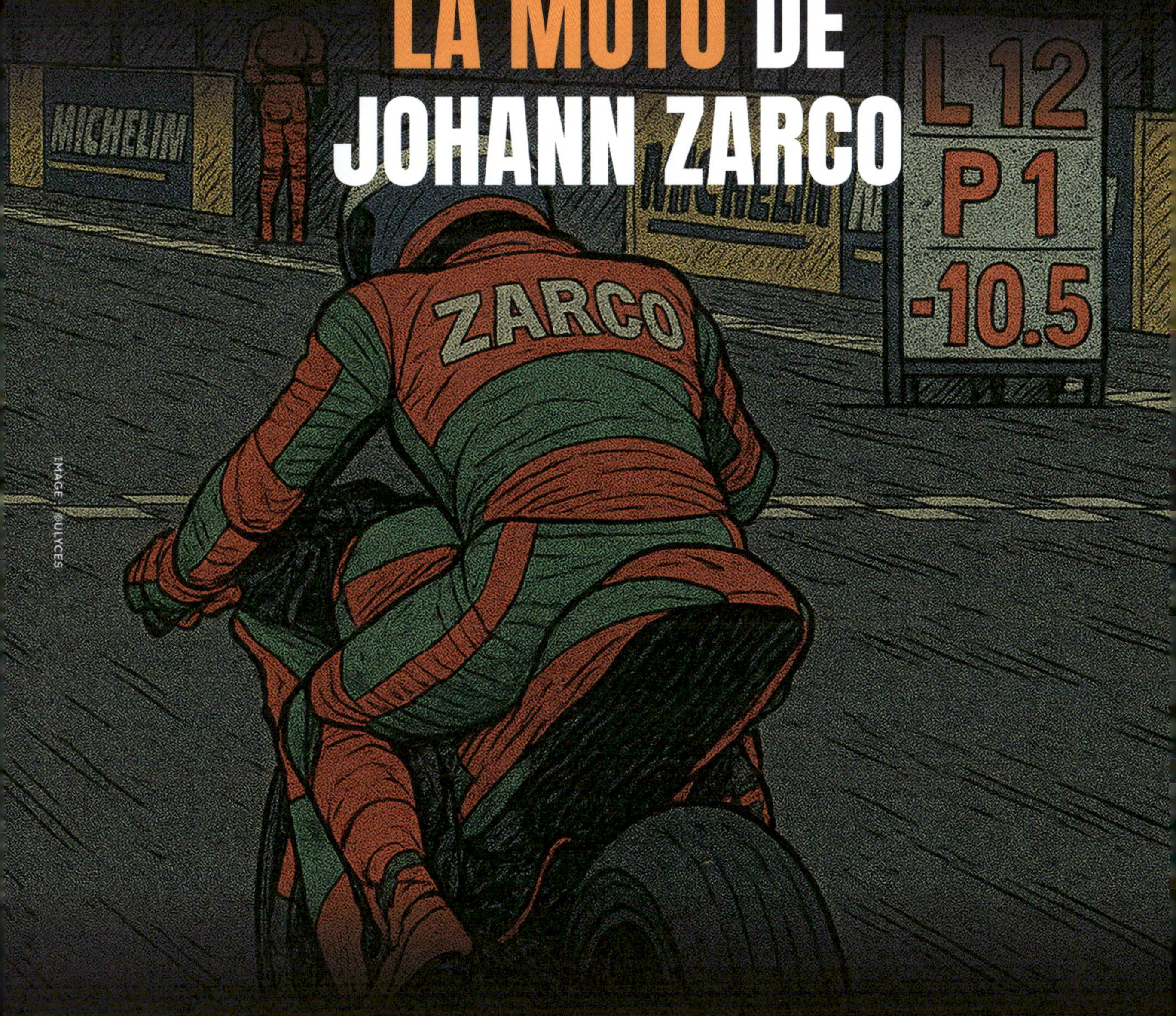

IMAGE : ©ULYCES

Malgré ses couleurs italiennes, la Honda LCR de Johann Zarco est rentrée dans l'histoire du sport automobile français. Le 11 mai dernier, son pilote a créé la surprise en remportant le Grand Prix de France. Le Cannois avait eu la bonne idée de l'équiper de pneus pluie, ce qui lui a permis de foncer vers la victoire quand ses concurrents étaient contraints de passer aux stands par les intempéries. C'est le premier tricolore à s'imposer sur le circuit du Mans en catégorie reine depuis 1954.

LA CITATION DE L'ANNÉE

« Kaaris a mis la lumière sur Sevran, moi je veux mettre la lumière sur Créteil »

XAVIER NIEL SUR X

IMAGE : ©MISHARY 94

Tout est parti d'une provocation absurde. *« Xavier Niel, je te déteste, je te propose un 1v1 devant le Lidl de la rue Sainte à Marseille »*, écrivait un utilisateur de X en mai 2024. *« Je t'attends »*, a répondu le patron de Free en novembre dans un message illustré par une photo de lui devant le supermarché en question. *« Xavier Niel, je te déteste, je te propose de racheter l'US Créteil-Lusitanos au 1, rue Vasco-de-Gama, 94460 Valenton »*, a alors tenté un autre. Et Niel s'est exécuté : *« D'accord »*, a-t-il tweeté le 30 avril dernier. Le PDG y adjoignait une photo prise devant le logo du club. Le projet du nouvel actionnaire majoritaire du club est clair : *« Kaaris a mis la lumière sur Sevran, moi je veux mettre la lumière sur Créteil. »* ●

LA REMONTADA DE L'ANNÉE : LUIS ENRIQUE

C'était bien l'un des seuls à y croire. En octobre 2024, alors que le Paris Saint-Germain venait de s'incliner face à Arsenal en Ligue des champions, son entraîneur affirmait ses ambitions. *« Jusqu'à preuve du contraire, je pense qu'on va gagner toutes les compétitions »*, s'aventurait Luis Enrique en conférence de presse. *« Je le dis à cœur ouvert : je pense qu'on va tout gagner. »* Deux mois plus tard, le club était au bord de l'élimination en Ligue des champions et les critiques pleuvaient sur le technicien espagnol. Accusé de prôner un jeu de possession stérile, comme lors de l'élimination de la sélection espagnole qu'il dirigeait à la Coupe du monde 2022, Luis Enrique était promis au même destin que ses prédécesseurs : un licenciement précoce.

Au lieu de cela, l'Asturien a (presque) tenu sa promesse en réalisant un quadruplé historique. Lauréat du Trophée des champions en janvier, il a décroché le treizième titre de champion de France de l'équipe francilienne, a remporté la Coupe et surtout hissé le PSG au sommet de l'Europe en étant sacré en Ligue des champions à l'issue d'une finale magistrale (5-0 face à l'Inter de Milan). Le football français courait après ce titre depuis la victoire de l'Olympique de Marseille en 1993. Couvert de louanges, désigné *« meilleur entraîneur du monde »* par Jordi Alba à l'occasion du 8e de finale de la Coupe du monde des clubs du PSG face à l'Inter Miami, Enrique était bien parti pour tout gagner en atteignant la finale de cette même compétition, le 13 juillet 2025. Mais la lourde défaite des siens contre Chelsea (0-3) et son coup de sang en fin de match sont venus ternir légèrement le tableau. Ce qui lui donnera au moins la chance de faire mieux la saison prochaine.

DROITS DE DIFFUSION DE LA LIGUE 1 : DE 1 MILLIARD À PRESQUE RIEN

Vendus pour plus de 1 milliard d'euros par saison il y a 7 ans, les droits télévisuels de la Ligue 1 se sont effondrés. Alors que la Fédération française de football (FFF) cherche à remplacer la Ligue de football professionnel (LFP) par une société de clubs sur le modèle de la Premier League anglaise, avec un système de playoffs en fin de saison, Luc Arrondel, chercheur en économie du sport au CNRS, remonte aux origines de la crise.

« Je ne crois pas que les Français soient moins intéressés qu'avant par leur football. Les stades n'ont jamais été aussi remplis, il y a un grand engouement pour la Ligue des champions. Le potentiel est là »

À quoi est dû l'échec de DAZN ?

DAZN avait un modèle économique assez spécifique par rapport aux précédents diffuseurs. Canal+ et Prime Video ont voulu faire de la Ligue 1 un produit d'appel pour leur chaîne. La stratégie de beIN relevait du soft power qatarien. Mediapro cherchait plutôt à s'accaparer la totalité des droits TV pour ensuite exercer une position de monopole au moment de les revendre. Mais ils n'ont pas trouvé preneur. Pour DAZN, l'idée était apparemment de rentabiliser l'investissement avec les abonnements. Mais le prix était trop élevé pour ce que beaucoup de supporters étaient prêts à payer.

La LFP a vendu les droits de la Ligue 1 pour 795 millions d'euros par an à Mediapro et pour 400 millions d'euros par an à DAZN. Comment expliquer cette baisse ?

Les droits télévisés sont vendus selon une procédure de marché. Plus vous avez d'acteurs intéressés, plus le prix augmente. Depuis les années 1990, les diffuseurs se sont multipliés et l'inflation est devenue la norme. On arrive aujourd'hui un peu à saturation, les tarifs stagnent dans le Big Four (Angleterre, Espagne, Italie, Allemagne) et ils se sont carrément écroulés en France. Il n'y a pas beaucoup de diffuseurs intéressés.

Les Français ont-ils moins d'intérêt pour la Ligue 1 qu'avant ?

Je ne crois pas que les Français soient moins intéressés qu'avant par leur football. Les stades n'ont jamais été aussi remplis, il y a un grand engouement pour la Ligue des champions. Le potentiel est là. Mais le championnat est-il suffisamment intéressant pour que les gens acceptent de payer 40 euros par mois pour le regarder ?

Pourquoi le tarif de DAZN était-il plus élevé que celui des autres chaînes ?

À partir du moment où un diffuseur se sert de la Ligue 1 pour vendre autre chose, le prix des abonnements ne va pas forcément correspondre au prix de marché. Alors que, lorsque vous avez un diffuseur qui va rentabiliser son investissement uniquement avec les abonnements, comme c'était le cas de DAZN, on se rapproche de la valeur de marché.

Quelles seront les conséquences de la baisse du montant des droits télévisuels ?

Pour un diffuseur, la Ligue 1 est un produit un peu particulier dans la mesure où la qualité de votre produit dépend aussi de votre investissement : plus le montant des droits télévisuels est élevé, plus les clubs ont de moyens d'attirer de bons joueurs. On va donc forcément avoir une baisse du niveau. Le fait de se qualifier pour la Ligue des champions va devenir quelque chose de capital. La saison dernière, la campagne européenne de Brest lui a rapporté plus de 50 millions d'euros. C'est pratiquement l'équivalent d'une année de revenus classique. Les autres clubs vont devoir trouver d'autres sources de revenus.

IMAGE : ©ULYCES

BJ PENN ACCUSE LE GOUVERNEMENT D'AVOIR TUÉ SA MÈRE ET DE L'AVOIR REMPLACÉE PAR UN SOSIE

Pour BJ Penn, le combat le plus important à venir est intérieur. Début avril, la star du MMA américain publiait une série de photos de membres de sa famille censées prouver qu'ils étaient des imposteurs. *« Ma mère Lorraine Shin, mon frère Jay Dee Penn, mon frère Reagan Penn, et mon frère Kalani Mamazuka, ont tous été tués et j'ai besoin que la police enquête sur ces personnes et les vire de chez moi »*, écrivait BJ Penn dans un message où le complotisme rivalise avec la démence.

LE PIRE TWEET DE L'ANNÉE :

« Je ne conseille pas au PSG de croiser Brest en C1. Froidement. »

NABIL DJELLIT

IMAGE : ©CHAIRMAN OF THE JOINT CHIEFS OF STAFF

Le journaliste et chroniqueur à *l'Équipe* Nabil Djellit avait cassé son thermomètre ce 10 décembre 2024. Deux mois après sa prédiction fiévreuse, les joueurs de la capitale mettaient 10-0 aux Bretons en huitième de finale de Ligue de champions. C'est l'un des plus larges écarts de l'histoire de la compétition.

Chapitre 02

MUSIQUE

ICEMAN
ICEMAN
SOFT ICE CREAM
ALGORITH

ENQUÊTE

RAPOCALYPSE : L'HÉGÉMONIE DU RAP EST-ELLE TERMINÉE ?

IMAGE : ©ULYCES

Entre une génération de prodiges décimée par la drogue et les meurtres, le clash opposant Kendrick à Drake, et une apparente incapacité à se renouveler artistiquement, le rap semble en recul pour la première fois depuis des décennies. Dans le même temps, les musiques électroniques et la country progressent.

Le silence gagne du terrain dans le rap. Avec la mort de Juice WRLD, Lil Peep, Pop Smoke ou XXXTentacion, les moments de recueillement se multiplient pendant les concerts. Alors qu'il assurait la première partie de Tyler, The Creator le 1er avril 2025, Lil Yachty a fait taire les 14 693 spectateurs de la Capital One Arena de Washington pour rendre hommage à Juice WRLD, terrassé par une overdose en 2019. Un homme en a profité pour hurler quelque chose d'inintelligible. « *Ferme ta g**** », a aussitôt répliqué l'artiste d'Atlanta avant de le faire huer. Et la vidéo s'est répandue sur TikTok et Instagram.

La mort est quelque chose de trop important pour Lil Yachty. D'autant qu'elle n'est pas qu'une menace pour les rappeurs versés dans les addictions ou les guerres de gang. La vérité, c'est qu'elle plane au-dessus de tout un genre. « *Le hip-hop va vraiment mal* », a avoué Yachty lors d'une conférence organisée par le magazine *Rolling Stone* en novembre 2023. « *Il y a beaucoup d'imitations, mais aussi beaucoup de morceaux faits à la va-vite et de mauvaise qualité.* » D'ailleurs, le public ne s'y trompe pas.

Après des décennies de croissance échevelée, le rap piétine. Aux États-Unis, les ventes ont baissé de 1 % en 2021, puis à nouveau en 2022, ce qui n'était encore jamais arrivé dans l'histoire. Au cours de ces années, sa part de marché est aussi passée de 30 à 28 %. Au premier semestre 2023, aucun rappeur n'est parvenu à accrocher son nom en haut des charts, fait inédit depuis 1993. Et sur toute l'année, seuls quatre albums de hip-hop ont occupé la première place, contre douze en 2022.

« Il y a beaucoup d'imitations, mais aussi beaucoup de morceaux faits à la va-vite et de mauvaise qualité »

« *Matez les charts, matez les chiffres...* », s'est inquiété Juicy J sur Instagram. « *En tant que rappeurs, producteurs et compositeurs, qu'est-ce qu'on va pouvoir faire pour régler ça ?* » La question se pose aussi en France, où le nombre de rappeurs à figurer parmi les plus gros vendeurs d'albums a été divisé par deux entre 2023 et 2024. « *Tout en restant un genre majeur [...] il représente 53 % du Top 200 albums en 2024, en repli de 4 points en 1 an* », note le Syndicat national de l'édition phonographique (Snep) dans son bilan du marché de la musique enregistrée en 2024. Le rap arrive-t-il en fin de cycle, comme le rock avant lui ? C'est ce que suggèrent certains internautes.

« *Le rap est mort* », a même lancé un streamer américain à Drake. Lequel Drake n'était évidemment pas d'accord. Mais après s'être maintenu au rang de star incontestée du genre pendant une décennie, le Canadien de 38 ans a peut-être perdu une partie de son aura. Accusé sans preuve d'être un pédocriminel par Kendrick Lamar, il lui reproche, en retour, d'avoir des statistiques artificiellement gonflées sur les plateformes de streaming. Quoi qu'il en soit, Drake reste au sommet de l'industrie. Son album *$OME $EXY $ONGS*, réalisé avec PartyNextDoor, était numéro 1 du Billboard américain lors de sa sortie en février.

Fan historique de Drake, Mehdi Maizi est moins convaincu par ses dernières livrées. Dans son essai *Le rap a gagné. À quel prix ?*, paru en mars 2025, le journaliste français met en cause « *un phénomène de saturation de l'écoute, qui résulte de l'hyper productivisme généré par le streaming* ». Dans une économie où la rémunération dépend largement du nombre d'écoutes sur les plateformes, un artiste a tout intérêt à sortir un maximum de morceaux. Voire à trouver des moyens de falsifier les chiffres, comme Kendrick Lamar l'aurait fait d'après Drake.

« En tant que rappeurs, producteurs et compositeurs, qu'est-ce qu'on va pouvoir faire pour régler ça ? »

Cette suspicion, qui plane aussi sur des artistes français, témoigne de l'emballement du secteur. À force de gonfler leurs statistiques, les artistes ont alimenté une bulle spéculative. Pour le journaliste Ismaël Mereghetti, *« la démocratisation du streaming a entraîné une hyperproductivité du rap français »*, retrace l'auteur d'un *Dictionnaire critique d'Aya Nakamura* et de *J'étais là - 30 ans au cœur du rap*, avec le rappeur historique Driver. *« Le marché a été saturé, le nouveau public s'est éduqué et on revient maintenant à un rythme de sortie plus raisonnable et à quelque chose de plus segmenté. »*

Sans doute le rap avait-il besoin de réduire son train d'enfer. Mais ses locomotives commencent à avoir des kilomètres au compteur (Nicki Minaj, Future ou J Cole), quand elles ne déraillent pas déjà depuis des années : la santé mentale de Kanye West n'a pas l'air de s'améliorer. Or, aucune figure de la nouvelle génération ne semble pour l'heure avoir l'envergure pour les remplacer. Les stars du moment évoluent dans d'autres sphères musicales, à l'instar de Taylor Swift, Bad Bunny, Billie Eilish, Ariana Grande ou Sabrina Carpenter.

Au classement du Billboard, la pop a commencé à faire de la concurrence au rap avant de le marginaliser à partir de 2023, abstraction faite de quelques grandes figures comme Lil Uzi Vert, Travis Scott ou 21 Savage. Dans l'Hexagone, la chanson française, les musiques latines et africaines ont aussi gagné du terrain depuis 2020. Cela dit, le rap reste difficile à déloger de son piédestal. Dans le bilan 2024 du Snep, 18 des 20 meilleures ventes d'albums sont signées par des rappeurs, avec le regretté Werenoi et PLK sur les deux premières marches du podium.

IMAGE : ©ULYCES

« Le marché a été saturé, le nouveau public s'est éduqué et on revient maintenant à un rythme de sortie plus raisonnable et à quelque chose de plus segmenté »

Plus gros vendeur de disques toutes musiques confondues depuis deux ans en France, Werenoi était aussi tout en haut des charts avec son album *Diamant Noir*, au printemps 2025, suivi de près par SDM, bien aidé par sa collaboration avec Booba sur le morceau *Dolce Camara.* Suivent Tiakola, Gims, Keblack et Vald. Symbole de longévité, le Duc de Boulogne, qui a souvent su anticiper les tendances, a lancé un label d'électro en septembre 2024. Et en mai 2025, Vald a sorti une version électro de son album *Pandemonium*, remixée par Vladimir Cauchemar, où figure un morceau baptisé *RAP RIP*.

Mais l'enterrement n'est pas pour tout de suite. Cette année, Ninho est devenu le premier rappeur à remplir le Stade de France deux fois d'affilée, juste après la prestation XXL de Jul à Saint-Denis. Les chiffres des concerts continuent d'ailleurs de progresser, cependant que de plus en plus de livres, de documentaires ou d'émissions télévisées mettent le hip-hop en valeur. *« Ce genre ne peut pas mourir comme ça, il est trop structuré pour ça »*, veut croire Ismaël Mereghetti. *« On est dans un creux en termes de créativité, mais je suis sûr que ça va repartir. »* Après trente ans de croissance continue et une décennie où les rythmiques trap étaient entendues des lobbies d'hôtels aux supermarchés, le reflux était inévitable. Ce n'est certainement pas une fin, mais sans doute une nouvelle époque.

Co-écrit par François Rossand, journaliste chez Ulyces

ON EST PARTI CAMPER AVEC LA MANO 1.9 DANS LE BAYOU PRÈS DE LA NOUVELLE-ORLÉANS, QUELQUES JOURS AVANT LA SORTIE DE SON COLORS

IMAGE : ©ULYCES

Révélé il y a deux ans à coup de bangers partagés sur YouTube et de danses TikTok, le rappeur du 19e arrondissement a percé sans donner d'interviews. En avril 2025, on l'a embarqué en Louisiane pour un tournage hors norme au milieu des alligators et des poupées vaudoues. Une première apparition médiatique qui fera date.

Il est 16 heures en Louisiane, 23 heures en France, quand La Mano 1.9 pose le pied sur le sol américain. Ce mardi 1er avril, le rappeur de 24 ans peut enfin déplier ses longues jambes dans les couloirs de l'aéroport de La Nouvelle-Orléans, après s'être serré en cabine pendant le voyage. Je n'ai pas de mal à repérer sa silhouette élancée au milieu du ballet des passagers. Il porte un short en jean et une veste à imprimés, son iconique sac à dos, et sa démarche me rappelle les danses TikTok qui l'ont fait connaître.

« La météo apocalyptique nous laisse songer qu'on a peut-être réveillé quelque esprit maléfique avec notre tournage »

Un autre type de tournage l'attend. Je suis venu récupérer le nouveau phénomène de la drill française pour explorer avec lui la région de *Sinners*, le film d'horreur de Ryan Coogler et Michael B. Jordan pour la promo duquel nous sommes venus réaliser un vlog hors norme.

La région se prête bien à l'ambiance horrifique du film. Ancienne possession française vendue aux États-Unis par Napoléon Bonaparte en 1803, le 31e État américain est scandé par les marais infestés de crocodiles, le bayou, où son passé sanglant charrie des histoires de vampires et des légendes vaudoues. Pour cette vidéo publiée à l'occasion de la sortie du film, notre équipe espère donner quelques sueurs froides à La Mano 1.9 en le plongeant dans les recoins les plus sombres de Louisiane.

La météo apocalyptique nous laisse songer qu'on a peut-être réveillé quelque esprit maléfique avec notre tournage. Alors qu'il faisait escale à Philadelphie, en Pennsylvanie, le rappeur du 19e arrondissement s'est retrouvé coincé par les orages. Après avoir nous aussi essuyé des trombes d'eau, on a pu faire un tour dans le Vieux Carré (en français dans le texte), le centre historique de la Nouvelle-Orléans, et naviguer sur le Mississippi à bord d'un bateau à vapeur digne de Tom Sawyer.

Jusqu'ici tout allait à peu près bien. Mais quand on est rentré à la maison qu'on louait au cœur de la Nouvelle-Orléans pour passer une première nuit sans La Mano 1.9, une série d'événements bizarres nous a fait oublier la fatigue du décalage horaire. Quelqu'un a toqué lourdement à la porte. Je suis allé ouvrir et la silhouette d'un homme masqué s'est découpée dans l'obscurité. Il nous fixait, immobile, de l'autre côté de la rue. Pour être honnête, on a été les premiers à flipper.

La Mano 1.9 est arrivé le lendemain. Dès sa descente de l'avion, et malgré les multiples péripéties ayant retardé son arrivée de 48 h, il veut en savoir plus sur l'attitude qu'il va devoir adopter pour faire en sorte que chaque séquence se passe de la meilleure manière possible. À l'image de pas mal de rappeurs de sa génération, il se montre apparemment capable d'allier professionnalisme et désinvolture.

Au fil de nos échanges, je comprends qu'il faut lui faire confiance et que sa spontanéité fera le reste. Après tout, c'est ce qui l'a rendu viral sur les réseaux. En l'espace d'à peine deux ans et demi, ce rookie du rap game est parvenu à se hisser au rang de tête d'affiche, cumulant plus de 3 millions d'auditeurs mensuels sur Spotify, au point d'être élu révélation masculine de l'année lors des Flammes 2025, avant même la sortie de son premier album le 27 juin.

Après avoir récupéré sa valise, La Mano 1.9 s'assoit à l'arrière de notre Chevrolet Equinox de location, et on quitte l'aéroport pour sillonner la ville de Lil Wayne. Je profite du trajet pour lancer le morceau *Baoulé* de Keeqaid, un autre rookie de la scène française.

Pour le détendre, on l'emmène à The Old Absinthe House. Bâti en 1752, ce bar a été fréquenté par le pirate français Jean Lafitte, l'ancien président américain Andrew Jackson, et l'écrivain américain Mark Twain. Plusieurs de ses propriétaires jurent avoir vu les fantômes de Lafitte, Jackson et de Marie Laveau, la prêtresse vaudoue la plus crainte de la Nouvelle-Orléans. À moins qu'ils n'aient été trompés par les vapeurs de l'absinthe.

La Mano 1.9 n'a encore jamais goûté ce spiritueux à base de plantes, dont les effets étaient si redoutés qu'il a été interdit entre 1915 et 2011 en France. Sous le charme de la « fée verte », comme on surnomme la liqueur, il enchaîne avec un ouragan, un cocktail américain très à-propos, à base de rhum, de jus de citron vert, et de sirop de fruit de la passion.

« La Mano 1.9 décide alors de sortir pour s'aventurer dans les bois »

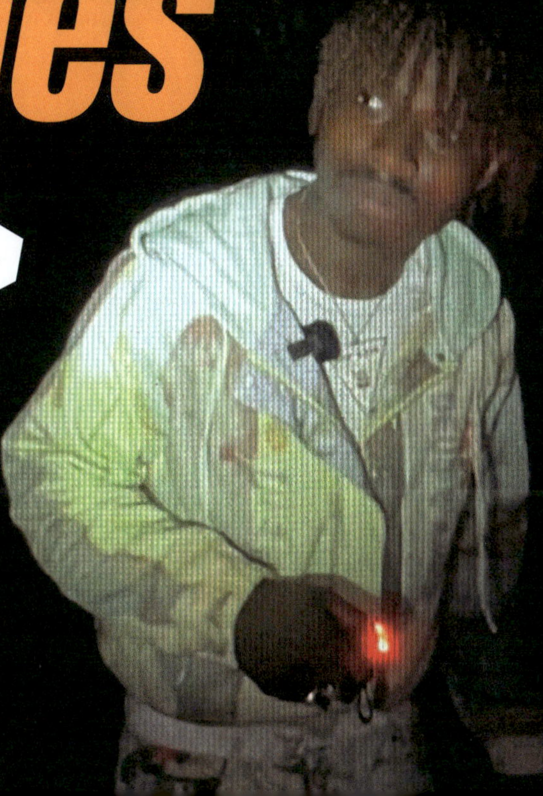

« Au moment de retourner la 3e carte, la prêtresse se lance dans un long rire inquiétant »

Comme la tempête s'est arrêtée, on file dans le bayou pour camper au milieu des marais et créer une ambiance lugubre. Alors qu'on est en train de monter la tente au milieu des hauts arbres, la nuit tombe d'un coup. Une fois à l'intérieur, j'entends des bruits. Pire, la toile se met à bouger, comme si quelqu'un était en train de la cogner au-dessus de nos têtes. Ce n'est pas prévu. La Mano 1.9 décide alors de sortir pour s'aventurer dans les bois. La tente se remet à bouger, nos cœurs à battre à toute vitesse. Un homme avec le même masque que la veille ouvre la tente… C'est La Mano. Le rappeur est mort de rire. Il nous a piégés avec l'aide d'un complice : notre fixeur, Robert, qui nous avait caché que la prod avait prévu de nous contre-pranker.

Le lendemain matin, le jeune homme n'est pas au rendez-vous qu'on lui avait fixé devant son hôtel. On apprendra, en le retrouvant une heure plus tard, qu'il était parti faire des courses et découvrir le centre-ville. *« J'ai besoin d'un café. »* À la terrasse d'un restaurant où l'on prend le petit-déjeuner, La Mano 1.9 m'annonce qu'un Colors va sortir. L'artiste me confie également qu'il prépare un album, *R.A.T.*, qui sortira le 27 juin 2025.

Le rappeur s'est habitué à attiser l'intérêt du public en publiant des extraits de ses morceaux sur TikTok. Mais c'est sur une autre plateforme, YouTube, qu'il s'est fait connaître avec *I don't Like*, une reprise de Chief Keef, le roi de la drill de Chicago. *« La Mano a fini sa peine »*, peut-on entendre sur le titre sorti en août 2023. Il venait alors de passer sept mois en prison pour un délit qu'il préfère garder pour lui.

Malgré son excellente humeur et la simplicité dont il fait preuve tout au long du tournage, La Mano 1.9 reste mystérieux et n'entend guère s'étendre sur sa personne. Quand je lui demande comment il souhaite que je l'appelle, le rappeur me répond qu'il préfère utiliser son nom d'artiste. Une réaction qui démontre une certaine volonté de séparer deux pans de sa vie. D'un côté, La Mano 1.9, le rappeur du 19e arrondissement, qui a su s'imposer comme un véritable raz de marée dans le paysage rap. Et de l'autre, Ulrich Zie, le jeune homme drôle, énergique, qui a été bercé par la culture rap des années 2010, et qui a connu des démêlés avec la justice avant de se lancer pleinement dans la musique.

Issu d'une famille ivoirienne, Ulrich Zie grandit à Crimée, dans le 19e arrondissement de Paris. Il baigne dans ce que certains qualifient de nouvel âge d'or du rap français, une période qui débute

« La Mano 1.9 reste mystérieux et n'entend guère s'étendre sur sa personne »

dans les années 2010 et qui voit l'émergence d'artistes comme Gradur, Niska, Hamza ou Damso. Le jeune homme commence à écrire en sixième, intègre le groupe Block 51, puis finit par se lancer en solo.

Après le café, je l'emmène visiter un temple vaudou pour voir si la chance sera de son côté – et pour le remettre dans l'ambiance effrayante de *Sinners*. Ce catholique d'origine ivoirienne ne plaisante pas avec ces croyances venues d'Afrique de l'Ouest. Mais il relève le défi. À notre arrivée, la prêtresse Miriam Chamani demande à La Mano 1.9 de choisir trois cartes.

Avec la première, qui concerne son passé, elle assure qu'il est très attaché à ses racines. La deuxième montre qu'il est actuellement plein d'énergie et que l'endroit où il se trouve lui plaît. Au moment de retourner la troisième, qui est dédiée à son avenir, la prêtresse se lance dans un long rire un peu inquiétant. *« Le futur sera bon pour toi, bien meilleur que le présent »*, devine-t-elle. *« Tu vois déjà ton futur dans ta tête et ça peut devenir une réalité. Mais tu dois y croire. »*

Je me souviens alors d'une phrase que le rappeur a prononcée au petit-déjeuner. Entre deux bouchées d'un plat typiquement cajun, il m'a confessé ne pas vouloir durer dans la musique. Un discours récurrent dans le rap, mais qui n'a été que rarement tenu sur la longueur. Booba avait par exemple sorti *Ultra*, son *« dernier album »* en 2021, pour finalement produire un nouveau disque, *Ad Vitam æternam* en 2024. Dix ans plus tôt, Gradur s'était aussi engagé à lâcher le micro sans tarder : *« J'vais prendre mes sous dans l'rap et ils m'reverront jamais »*, jurait-il sur le morceau *Jamais*, paru en 2014. Le Nordiste fait encore de la musique aujourd'hui.

De son côté, La Mano 1.9 semble déterminé à partir à la retraite précocement. L'homme n'est pas du genre à se laisser dicter ses choix. Au retour de Louisiane, il a embarqué avec nous pour un premier vol vers Londres. Mais une fois arrivé dans la capitale britannique, où il a apparemment de la famille, il a décidé de ne pas prendre sa correspondance pour Paris et de rentrer en train. L'artiste si remuant sur TikTok n'avait aucune envie de se serrer à nouveau dans un avion.

AFRICA

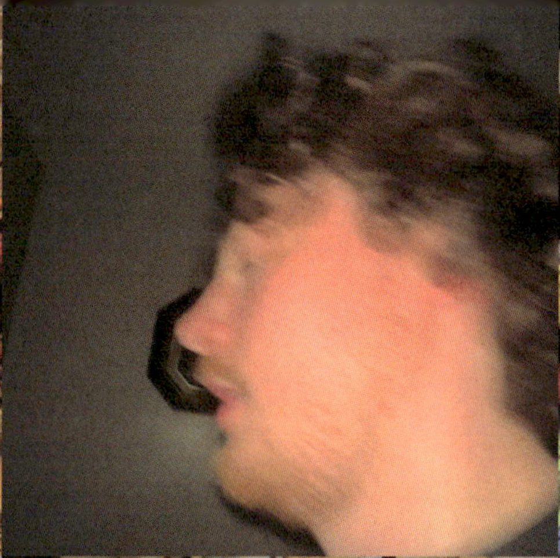

VLADIMIR CAUCHEMAR RACONTE SON REMIX ÉLECTRO-DÉMONIAQUE DE L'ALBUM *PANDEMONIUM* DE VALD : LE RAP SE FAIT PERCUTER PAR LA HARDTEK

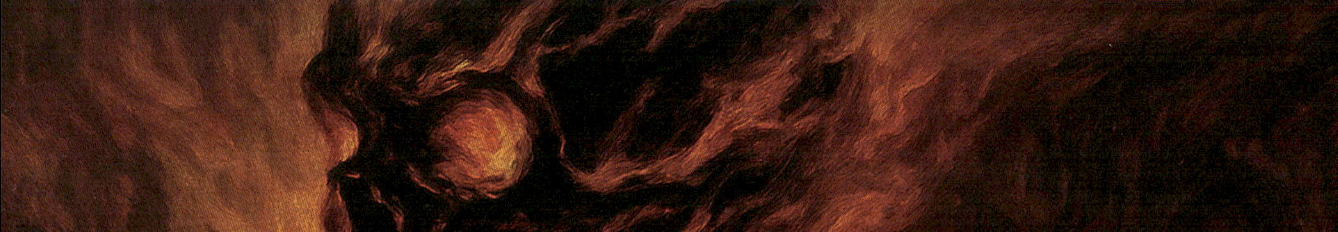

Mai 2025 : deux mois après la sortie de *Pandemonium*, Vald choque la France. Avec les producteurs Vladimir Cauchemar et Todiefor, il lâche une version de son album dopé aux kicks de hardtek et aux leads électro, *Pandemonium Reloaded*. L'homme masqué derrière les 15 remixes du projet, Vladimir Cauchemar, revient sur la genèse de ce son génial et barbare.

Je connais Vald depuis longtemps. Après notre collaboration sur le morceau *Élévation* qui avait assez bien marché lors de sa sortie en 2019, on voulait retravailler ensemble. Pour des raisons de calendrier, je n'ai pas pu participer à *Pandemonium*, mais, à la fin de l'enregistrement, je suis allé le voir en studio. C'est là que l'idée de faire un remix a germé. J'ai commencé à produire une version de *Gauche droite*, et le processus a été tellement naturel et rapide, que ça nous a donné envie de sortir un album.

Pour m'aider, j'ai contacté Todiefor, avec qui j'adore bosser. Il connaissait Vald par l'intermédiaire de Lorenzo et avait commencé un morceau avec sa voix. Je lui ai fait écouter et il a adoré. Dans un premier temps, on a travaillé tous les deux en studio. Vald nous a laissé une liberté totale. Plus on lui envoyait les morceaux, plus il était enthousiasmé par le projet. Il s'est pris au jeu et est venu participer au processus créatif. Ça s'est vraiment fait à six mains.

« Plus on lui envoyait les morceaux, plus il était enthousiasmé par le projet. Il s'est pris au jeu et est venu participer au processus créatif. Ça s'est vraiment fait à six mains »

On a d'abord livré 4 ou 5 morceaux. Vald et Suikon Blaz AD, qui l'accompagne sur scène, ont flashé sur notre remix de *Régulation* et ils ont décidé de le jouer en premier lors d'un festival en Suisse. La réaction du public a été incroyable, et ça nous a poussés à préparer plus de bastos pour le live.

À partir de là, on a vraiment pensé le projet comme un album plutôt que comme une collection de remixes. On s'est beaucoup pris la tête avec Todiefor et Vald pour que tous les styles de musique électronique qu'on aime soient représentés et qu'il puisse s'écouter dans son intégralité, avec un ordre précis. Par exemple, je tenais vraiment à ce qu'il y ait un remix drum and bass, parce que c'est une couleur que j'adore. On voulait aussi éviter que ce soit redondant.

Avec Vald et Todiefor, on a fait deux grosses sessions en studio, dont une de 14 heures. Il nous a confié un titre qui n'était pas fini, *RAP RIP*, que j'ai adoré. J'avais une prod qui collait bien avec l'a capella, on a fait des ajustements et ça a fonctionné tout de suite. On a aussi retravaillé une autre démo, *Tal/Tal*, et on a repris le petit bout de *Prozaczopixan* qui était sur l'album pour donner une existence propre au morceau.

« Le fait d'avoir une contrainte de temps, ça te met dans une énergie qui te pousse à faire des choix rapides. Parfois, c'est dans la contrainte que tu obtiens les meilleurs résultats »

Pour *FLPVC*, on était parti sur un gros banger electro et ça s'est terminé en une sorte de symphonie avec des cordes. On avait des doutes, on a commencé à en faire une version classique pour se marrer, et finalement, c'est ce qui clôture l'album. C'est ça la magie du studio, tu te fais écouter des trucs, tu rebondis sur l'idée de l'un ou de l'autre. On a été super inspirés. C'est la première fois que je fais un produit entier aussi rapidement.

En tout, on a mis un petit peu plus d'un mois pour composer *Pandemonium Reloaded.* On l'a appelé comme ça parce que j'avais déjà sorti *Aulos Reloaded* avec 6ix9ine en 2018. Le fait d'avoir une contrainte de temps, ça te met dans une énergie qui te pousse à faire des choix rapides. Parfois, c'est dans la contrainte que tu obtiens les meilleurs résultats.

Comme je suis très fan de ce que fait Vald, c'est venu tout seul. Je trouve qu'il est au-dessus des autres en termes d'écriture. Son univers est unique, et il a une variété de flows incroyables. *Pandemonium* est l'un de ses meilleurs albums, donc je suis vraiment reconnaissant de la confiance qu'il nous a accordée. Je ne sais pas si on a sorti un classique, mais on a fait quelque chose d'inédit dans le rap français.

La réaction du public a été exceptionnelle. Tout s'est fait à l'arrache. On a eu l'idée d'organiser une soirée, le Rex a accepté de nous mettre sur la programmation à la dernière minute, le 22 mai 2025, on a mis des billets en vente et ils se sont écoulés en un instant. On n'avait pas le droit d'annoncer Vald et Vladimir Cauchemar, parce qu'on devait respecter les clauses d'exclusivité des festivals de l'été, donc on a simplement présenté ça comme une *« Pandemonium Reloaded Released Party »*. L'ambiance était complètement folle.

Le public de Vald a tout de suite compris ce qu'on voulait faire. Je pense que ses auditeurs aiment se péter le crâne sur ce genre de musique. On a réuni deux univers qu'ils aiment. Je trouve que les rappeurs devraient intégrer plus de musiques électroniques à leurs concerts parce que ça pimente les choses. Pour moi c'est une évidence, et j'espère qu'on pourra bientôt remonter sur scène ensemble.

Traduit du serbe

COMMENT DRAKE A HACKÉ LA CULTURE DU LIVESTREAM POUR LA PROMO DE SON NOUVEL ALBUM

IMAGES : ©ULYCES

Un an jour pour jour après la sortie du dévastateur *Not Like Us*, Drake est sorti de sa forteresse de solitude pour innover encore une fois. Depuis sa ville natale de Toronto, il a mis le feu à Instagram en annonçant un événement à « *21 h* » le 4 juillet 2025. Le rappeur allait-il sortir un nouveau morceau ? La rumeur a vite été confirmée par un lien partagé sur sa page YouTube à l'heure annoncée. Avec ICEMAN EPISODE 1, une vidéo à mi-chemin entre le live, le teaser et le clip, Drake a trouvé un moyen inédit de promouvoir *What did I miss*, premier single de son album présumément intitulé *ICEMAN*.

Absent pendant les premières minutes du direct, qui montrent un entrepôt apparemment sans vie, Drizzy finit par faire son apparition pour mesurer un bloc de glace. Il entre ensuite dans une salle de repos, réchauffe un plat et le déguste en regardant d'anciennes vidéos de lui sur une télé. Alors que la retransmission entre dans sa 22e minute, la caméra se resserre sur l'écran, où se lance le clip de son nouveau single, *What did I miss*.

L'artiste canadien rappe ensuite le morceau dans l'entrepôt avant de prendre le volant d'un camion réfrigéré siglé « ICEMAN » dans les rues de Toronto. Réalisant alors qu'il roule en centre-ville, ses fans ne tardent pas à encercler le véhicule. Un accueil globalement très chaleureux des habitants de sa ville, à l'exception d'un fâcheux, qui le traite de « *b*tch* », à qui il répond depuis le camion en ralentissant : « *Ne fais pas le timide, viens on règle ça ici.* »

Sur Internet, l'innovation du rappeur canadien est plébiscitée. « *C'est le genre de stream qui me fait kiffer* », écrit un auditeur sur YouTube. « *Pas de trucs ennuyeux, de l'art pur et une réalisation professionnelle.* » Un autre plussoie : « *Je dois bien admettre que c'est du génie. C'est le lancement le plus créatif de ses derniers projets.* » Leur avis est partagé par le site Hypebeast, qui salue une promo « *ambitieuse* » mélangeant « *poésie crue, narration immersive et moments d'interactions avec les fans* ». Une ligne de plus dans la carrière objectivement ahurissante de Drake.

ILS ONT CHOQUÉ LE MONDE CETTE ANNÉE

Bad Bunny

Fort du succès de *Debí tirar más fotos*, qui a atteint le milliard de streams sur Spotify en seulement 13 jours, le Portoricain s'apprête à partir en tournée internationale.

Beyoncé

La star américaine est devenue la première artiste noire à remporter le prix du meilleur album country aux Grammy Awards pour *Cowboy Carter*.

Central Cee

2025 a bien commencé pour le patron de la drill anglaise. En 24 heures, *Can't Rush Greatness* a été streamé plus de 19 millions de fois, un record pour un album de rap britannique.

Charli XCX

Le brat summer 2024 s'est prolongé en 2025 pour la Britannique, qui s'est arrogé le Grammy du meilleur album de dance/electro pour *Brat*.

Drake

Rappeur le plus vendu au monde en 2024, le Canadien a commencé 2025 en dominant le Billboard grâce à son album *$ome $exy $ongs 4 U*, produit en collaboration avec son compatriote PartyNextDoor. Il a enchaîné avec un nouveau projet, *ICEMAN*.

FKA Twigs

La Britannique qui joue dans le film The Crow a atteint le sommet du Billboard Top Dance Albums avec son troisième projet *Eusexua*, sorti en janvier 2025.

GloRilla

La rappeuse du Tennessee connaît un succès fulgurant. Sorti en octobre, son album *Glorious* a réalisé les ventes les plus élevées pour un projet de rap féminin en 2024.

Jul

En un printemps, l'insatiable rappeur marseillais a encore sorti un album, *D&P à vie*, avant de remplir le stade de France et le Vélodrome.

Justice

Après 6 ans d'absence, le duo français a retrouvé le chemin des salles de concert et des podiums. Son morceau *Neverender*, qui figure sur l'album *Hyperdrama*, a été sacré meilleur titre dance/électronique aux Grammy Awards.

Lady Gaga

Avant la sortie de son nouvel album *Mayhem* en mars, l'artiste féminine la plus écoutée sur Spotify a reçu le Grammy de la meilleure prestation vocale pop d'un duo ou groupe pour sa collaboration avec Bruno Mars sur *Die with a Smile*.

Kendrick Lamar

Après avoir hissé *Not Like Us* en tête des charts et l'album *GNX* au sommet du Billboard, le Californien a raflé cinq Grammy.

Lorien Testard

Le compositeur français est devenu connu du jour au lendemain. Sa bande originale du jeu *Clair obscur : Expedition 33* s'est classée en tête de la catégorie *« albums classiques »* du Billboard en mai 2025.

Playboi Carti

Le rappeur d'Atlanta n'avait plus sorti d'album depuis près de 5 ans. Avec *Music*, il a signé le meilleur démarrage de l'année 2025 au moment de sa sortie.

Sabrina Carpenter

La chanteuse américaine a reçu le Grammy de la meilleure prestation pop solo de l'année pour son tube *Espresso*, sorti sur l'album *Short N' Sweet*.

SZA

De retour avec un nouvel album, *SOS Deluxe : LANA*, après avoir fait une grande moisson de récompenses en 2023, SZA était sur la scène du Caesars Superdome de la Nouvelle-Orléans en février pour mettre le feu à la mi-temps du Superbowl.

Taylor Swift

Six fois nommée aux Grammy, l'artiste mondiale de l'année 2024 selon le Billboard, a recueilli plus de 300 millions de streams en 24 heures avec son album *The Tortured Poets Department*.

Theodora

Révélation féminine de l'année aux *Flammes*, la Boss Lady a fait une entrée fracassante sur la scène musicale française avec le tube *Kongolese Sous BBL*, sur l'album *Bad Boy Lovestory*.

The Weeknd

Le très attendu sixième projet du Canadien, *Hurry Up Tomorrow*, l'a mis en orbite pour être l'un des artistes les plus écoutés de 2025.

Clipse

Produit par Pharrell Williams, le quatrième album studio de Clipse, le duo formé par les frères Pusha T et Malice, signe leur retour en force après 16 ans d'absence.

Cette liste couvre la période de septembre 2024 à juillet 2025

IMAGE : SABRINA CARPENTER PAR ©RAPH PH

DISCUSSION AVEC LE RAPPEUR TH, À LA CROISÉE DU RAP ET DE LA TECH

Son freestyle *Grünt* l'a fait connaître à la France, qu'il a choquée avec son flow unique et ses lyrics brutaux : TH est-il le pionnier du cyberap ?

Comment as-tu vécu la hype autour de ton freestyle *Grünt* ?

Je fais de la musique pour toucher le plus d'êtres humains possible. Je veux que chacun puisse trouver un son qu'il kiffe. C'est plus important que de faire de l'argent. Je te jure. Plus ma musique touche de gens, plus je suis heureux.

Ton album s'appelle *Algorithme*. Pourquoi ?

Pour mon précédent projet, *E-Trap*, je cherchais à inventer un son adapté à la société hybride dans laquelle on vit, avec de grosses basses et des notes qui voyagent dans les enceintes. C'est quelque chose qui se retrouve dans *Algorithme*, mais j'avais cette fois la volonté de parler de notre manière d'utiliser le téléphone et de comment on voit le monde à travers lui. Sur un même écran, tu peux avoir une vidéo marrante, puis quelqu'un qui prie, une meuf qui twerke et une scène de guerre. L'enchaînement va dépendre de l'usage de chacun. C'est pour ça que j'ai trois portables, un pour le rap, un pour la famille et le taf, et un autre qui fait GPS. Si j'éteins le premier, c'est fini, ça n'existe plus. L'algorithme, c'est le monde que tu crées. Et si tu veux, tu le changes. C'est toi qui choisis.

Comment envisages-tu ton rapport à l'intelligence artificielle ?

Ce n'est que le début d'un monde. D'un côté, l'intelligence artificielle peut être utile pour la médecine, de l'autre elle sert déjà à faire la guerre. Je n'ai pas envie que les robots remplacent les humains, mais, en même temps, je vois bien que le métro avance tout seul. Moi, quand j'étais petit, je voulais conduire le train. J'allais voir le conducteur, je toquais et je lui demandais de monter avec lui. Aujourd'hui, j'ai un pote qui conduit le RER B, des fois je me pose avec lui, je fume des clopes dans la cabine, j'écris des textes.

IMAGE : ©IDRNZ

« Moi j'ai fait le choix d'avoir trois téléphones, un ordinateur, un robot-chien. Mais le meilleur truc, c'est les humains »

Le rap, c'est venu d'où pour toi ?

Mon père et ma mère faisaient de la musique. Je suis né en Martinique et j'habitais rue de la Musique, juste à côté d'un studio. J'ai grandi là-dedans. Quand mes parents se sont séparés, alors que j'avais trois ans, j'ai déménagé à Bondy (Seine-Saint-Denis). J'avais des potes qui rappaient, mais, moi, je voulais surtout faire des conneries. Un jour je leur ai dit : *« Je vais écrire quelque chose et je vais vous éteindre. »* J'ai pris le texte d'un mec sur Internet et je l'ai rappé devant eux. Ils pensaient que j'étais trop fort. Ma mascarade a tenu 2 ou 3 ans et je me suis fait cramer. Donc j'ai commencé à écrire de vrais textes. Quand je m'y suis mis sérieusement, ma mère m'a offert un dictionnaire des rimes. Elle m'a toujours soutenu dans tout. Si j'avais été un braqueur, elle serait allée m'acheter un survêtement noir (rires).

Quelle a été ta première influence dans le rap ?

Quand j'ai découvert YouTube, je suis tombé sur la trap de la Three 6 Mafia. J'ai été marqué par les basses de la trap. Ma découverte du rap français s'est faite plus tard. Ces dix dernières années, j'ai surtout passé du temps à écouter des prods.

À quoi ressemblera la musique du futur ?

Je pense que le futur est déjà là. On est en plein dans le mouvement, sauf que le monde extérieur ne ressemble pas encore à notre téléphone. Les avancées technologiques ne changent pas tout, dehors, il y a toujours des pauvres et des guerres. Je suis content de vivre dans cette ère-là, mais je suis conscient que, quand on verrouille le téléphone, le vrai monde ne change pas. C'est à nous de comprendre ce qu'il se passe pour avoir de la liberté par rapport aux algorithmes. Moi j'ai fait le choix d'avoir trois téléphones, un ordinateur, un robot-chien. Mais le meilleur truc, c'est les humains. ●

LE LIEU DE L'ANNÉE : LE STADE DE FRANCE DE JUL ET NINHO

Jul était arrivé dans les airs. Premier artiste à réunir 97 816 spectateurs au Stade de France en avril 2025, le rappeur marseillais a été suivi de près par Ninho. Son homologue francilien, lui, a débarqué en Rolls-Royce noire, en plein milieu de la foule. Ces deux concerts dans l'enceinte de Saint-Denis, ont réuni 160 000 spectateurs en deux soirs. Le rap français est sur le toit de l'Europe.

L'OBJET DE L'ANNÉE : LA CLAQUETTE DE DRAKE

La claquette de Drake a-t-elle vraiment raté sa cible ? Surpris par un drone alors qu'il se trouvait sur le balcon d'un gratte-ciel de Sydney, en Australie, le rappeur a répliqué en tirant l'espèce de pantoufle orange qu'il avait au pied. On peut voir ce lancer terminer dans le vide sur une vidéo devenue virale en février. Mais ce n'est pas perdu pour tout le monde : l'opération avait été pensée pour faire la promotion d'un site de pari. Site qu'il est bien l'un des seuls à pouvoir fréquenter sans risque.

LES PIRES LYRICS DE L'ANNÉE : LES DERNIERS MORCEAUX DE KANYE WEST

Pour donner un aperçu de son prochain album, le rappeur originaire de Chicago a publié quelques morceaux qui ne rassurent ni sur l'état de sa santé mentale, ni sur ses opinions politiques. Avant *Heil H!tler*, partagé en mai, il y a eu *WW3* et *Cousins*, deux morceaux aux paroles complètement aberrantes. Leur traduction fait froid dans le dos. En mai 2025, Ye s'est à nouveau excusé pour ses propos antisémites, jusqu'à la prochaine fois.

WW3

[...]

Ils disent que je suis un tyran.
Je suis totalement antisémite.
Ils disent que je me comporte comme H!tler.
Mais comment pourrais-je
me comporter comme H!tler
Si je suis un putain de n*gr* ?

Ils me disent de décrocher de Twitter.
J'ai voté pour Trump, pas pour Biden.
Je connais des gars qui sont allés sur cette île.
Pourquoi est-ce que tu irais sur cette île ?

[...]

Je suis ce n*gr* qui va pisser sur les Grammy.
Swastika à l'envers.
Parce que tous mes n*gr*s sont nazis.
Je lis *Mein Kampf*,
deux chapitres avant d'aller dormir.

[...]

COUSINS

Je traîne avec mon cousin,
on lit des magazines salaces.
On voit deux n*gr*s qui s'embrassent,
sans savoir ce qu'il se passe.
Ensuite on commence à rejouer
tout ce qu'on vient de voir.
C'est comme ça que j'ai taillé une pipe
à mon cousin, taillé une pipe à mon cousin.
Taillé une pipe à mon cousin,
taillé une pipe à mon cousin
Taillé une pipe à mon cousin.

Et je sais que ces n*gr*s
vont me juger maintenant.
Ça a commencé quand on traînait ensemble.
J'ai dit à mon cousin de garder ça pour lui.
Les gens me conseillent de l'emporter
dans ma tombe.
Je ne crois pas qu'ils comprennent
que je ne suis pas attiré par les hommes.

HEIL H!TLER

Mec, ces gens m'ont pris mes enfants.
Puis ils ont fermé mes comptes en banque.
J'ai tellement de haine en moi.
Il n'y a pas moyen de la faire sortir.
Je crois que je suis bloqué dans la matrice
Quand je prends du gaz hilarant.

Oui je suis cocu, j'aime quand on baise ma meuf.
Ils me disent, Ye, ne dit pas ça.
Ces n*gr*s ne peuvent pas me voir en public.
Je conduis une Maybach chromée
Avec tout mon argent et ma célébrité
Je ne peux toujours pas récupérer mes enfants
Avec tout mon argent et ma célébrité,
je ne peux toujours pas voir mes enfants

Ces n*gr*s voient mon Twitter, mais ils ne voient
pas ce que je ressens.
Donc je suis devenu un nazi.
Ouais, je suis le méchant.

N*gr*, heil H!tler
Ils ne comprennent pas ce que je dis sur Twitter
Tous mes gars sont nazis, heil H!tler

[...]

LE PIRE CAMÉO DE L'ANNÉE : DIDDY APPARAÎT DANS LA 27E SAISON DE SOUTH PARK

IMAGE : ©ULYCES

Reconnu coupable de transport de personnes à des fins de prostitution en juillet 2025, l'ancien rappeur américain Diddy fait une apparition dans un épisode de la 27e saison de South Park. Vêtu d'une combinaison orange qui rappelle plus celles des prisons que le manteau de Kenny, il pourchasse les enfants de la série sur un jet pack. Ses créateurs, Trey Parker et Matt Stone, n'aiment rien moins que de tendre un miroir à une Amérique bien tourmentée.

LA CITATION DE L'ANNÉE : « JE REGRETTE DE NE PAS AVOIR CHOISI LE FRANÇAIS EN DEUXIÈME LANGUE »

Rosalia, regrettant de ne pas comprendre les paroles de JUL dont elle est fan

IMAGE : ©JUNTA DE ANDALUCÍA

Jul a plus d'un fan en Catalogne. Comme le footballeur du Barça, Lamine Yamal, la chanteuse Rosalia a saigné les sons du rappeur marseillais. En avril 2025, elle a partagé une vidéo où on la voit écouter son morceau *Toto et Ninetta* et regretter de ne pas avoir choisi le français en deuxième langue. Heureusement que la musique est universelle.

LE GUIDE ULTIME DES IA MUSICALES (APPRENEZ PLUTÔT LE PIANO !)

IMAGE : ©NICOLAS MALINOWSKY

Suno, Mubert, Udio, Loudly, ou Aiva

Conçus pour composer des morceaux à partir de prompts, les outils comme Suno, Mubert, Udio, Loudly ou Aiva sont d'une facilité d'accès déconcertante. Ses utilisateurs n'ont qu'à taper ce qu'ils ont en tête, choisir un genre, et appliquer quelques filtres, pour obtenir plusieurs propositions. Mais les résultats s'avèrent assez souvent hasardeux, et ils soulèvent des accusations de violation des droits d'auteur.

Ditto Music Mastering

Qu'une chanson ait été composée par une intelligence artificielle ou non, Ditto Music Mastering pourra la masteriser afin d'en améliorer le rendu, d'homogénéiser ses pistes et de faire ainsi en sorte qu'elle puisse être écoutée sur différentes plateformes et à travers des supports d'écoute variés.

Landr Composer

Doté de plus de 3 millions de samples premium libres de droits, de plus de 40 plugins d'effets et d'un synthétiseur intégré, Landr Composer utilise l'intelligence artificielle pour aider les compositeurs à agencer leurs pistes, à enchaîner leurs accords comme il faut, et à masteriser leurs morceaux. Une mine d'or à près de 150 euros.

Freebeat

Gratuit et facile à prendre en main, Freebeat est capable d'interpréter les éléments d'une chanson pour lui donner un clip. En une poignée de minutes, la musique de Spotify, SoundCloud, YouTube, Suno, TikTok est transformée en vidéo. Cependant, le rendu a encore une patine assez artificielle.

Chapitre 03

CINÉMA

JEFF BEZOS LANCE LA CHASSE À 007 : QUI SERA LE NOUVEAU JAMES BOND ?

IMAGE : ©ULYCES

Après avoir évincé les producteurs historiques de James Bond, Amazon s'est mis à la recherche du successeur de Daniel Craig. À nouvelle ère, nouvelles méthodes ?

La tombe de l'agent secret le plus connu de la planète est un bijou de discrétion. James Bond repose aux confins de la mer du Nord, au pied d'un éperon rocheux de l'île de Kalsoy, dans l'archipel des Féroé. Son nom est écrit sur un bloc de granit planté devant le tapis roulant interminable de l'océan. Il y a aussi deux dates *« 1962-2021 »*. C'est ici, sur ce caillou de 90 habitants, perdu au nord de l'Écosse, quelque part entre la Norvège et l'Islande, que 007 a succombé à une pluie de missiles dans le dernier film de la saga, *Mourir peut attendre*, en 2021. Un an plus tard, les autorités locales ont dévoilé le monument pour rendre hommage au héros de Ian Fleming qui avait jusqu'ici survécu à 24 films.

La mort est un concept relatif dans l'univers de James Bond. Si Amazon MGM Studios a pris le contrôle créatif de la saga, en février 2025, après en avoir racheté les droits trois ans plus tôt, c'est pour donner une nouvelle vie au commandant de la marine britannique. Elle a les coudées franches puisqu'elle s'est au passage défait des producteurs historiques Michael Wilson et Barbara Broccoli.

Cette dernière vivait mal la cohabitation avec l'empire du e-commerce. Selon le *Wall Street Journal*, les cadres d'Amazon qui parlaient de James Bond comme d'un « contenu » l'avaient mise dans une colère noire. Ce sont *« des pu**** d'idiots »*, aurait-elle vociféré. Bezos n'a pas apprécié : *« Peu importe combien ça coûte, mais débarrassez-vous d'elle ! »* aurait-il ordonné, d'après le *Hollywood Reporter*. À peine aux commandes, le milliardaire s'est fendu d'un tweet pour demander à sa communauté quel acteur devait prendre la relève de Daniel Craig. Et c'est Henry Cavill, alias Superman, qui semble avoir les faveurs du public.

Le natif de Jersey est toutefois loin d'être le seul candidat en lice. En quatre ans, des dizaines de noms ont été évoqués, avec plus ou moins de vraisemblance, pour endosser le smoking de l'agent secret. Dans un article long comme le compte à rebours de la bombe de Goldfinger, paru début avril, *Esquire* passe par exemple au crible 32 profils qui ont les épaules pour endosser le smoking. En plus de Cavill, le magazine américain cite le nom de Josh O'Connor et d'Aaron Taylor-Johnson.

« Peu importe combien ça coûte, mais débarrassez-vous d'elle ! » aurait ordonné Jeff Bezos.

Les choses semblent toutefois se préciser depuis qu'Amazon MGM Studios a officialisé la nomination de Denis Villeneuve en tant que réalisateur du prochain film à la fin du mois de juin. Le cinéaste canadien, une fois sa trilogie *Dune* achevée, prendra la tête de la franchise mythique, dont il dit être un *« fan inconditionnel »*. Et trois noms d'acteurs britanniques de moins de 30 ans seraient en pole position d'après les sources du magazine de cinéma *Variety* : l'Australien Jacob Elordi (*Euphoria, Saltburn*), Harris Dickinson (*Babygirl*) et Tom "Spider-Man" Holland. Si la thèse de l'origin story se confirme, Cavill n'aurait plus ses chances, puisqu'à 42 ans, il serait déjà trop âgé pour incarner un Bond en début de carrière.

Jeff Bezos n'apparaît guère enclin à bousculer les codes. Aligné sur le néo-conservatisme de Donald Trump, le milliardaire a fait disparaître les notions d'inclusion et de diversité des rapports de son entreprise, dont la politique ne mentionne plus les *« droits LGBTQ+ »* et *« l'égalité pour les personnes noires »*. Après avoir dépensé 8,45 milliards de dollars pour racheter Metro-Goldwyn-Mayer (MGM) et 1 milliard pour prendre le contrôle créatif de la franchise, Amazon se pliera sans doute à la tradition s'il ne veut pas être accusé de dénaturer un personnage mythique.

C'est en tout cas le sens des déclarations des nouveaux producteurs. Respectivement en charge de *Spider-Man* et de *Harry Potter* par le passé, Amy Pascal et David Heymann ont insisté, en mars, sur leur volonté de ne pas casser le jouet. *« James Bond est un personnage iconique de l'histoire du cinéma »*, ont-ils déclaré. *« Nous sommes honorés de suivre les pas de Barbara Broccoli et de Michael Wilson et excités de faire vivre l'esprit de James Bond à travers une nouvelle aventure. »* Une source interne citée par le *Daily Mail* se montre encore plus claire : *« Ce doit être un homme, britannique ou du Commonwealth. »*

« Aligné sur le néo-conservatisme de Donald Trump, Bezos a fait disparaître les notions d'inclusion et de diversité des rapports de son entreprise »

« Choisir le bon acteur est une tâche compliquée que je ne confierais pas aux abonnés de X »

Dans la quête du nouveau James Bond, Amy Pascal et David Heymann ne vont donc pas rompre avec la philosophie de Barbara Broccoli et de son demi-frère Michael Wilson. Jusqu'ici, c'est eux qui veillaient à conserver l'esprit du personnage intact. En 1995, le duo a pris la suite du patriarche Albert Broccoli, lequel avait eu la brillante idée de transposer l'œuvre de l'écrivain Ian Fleming au cinéma à partir de 1961. Son associé, Harry Saltzman, a raconté avoir choisi l'Écossais Sean Connery pour incarner le premier 007 sur grand écran, car il *« se déplaçait comme un félin »*.

En 1981, alors que la relève était assurée par Roger Moore, la société de Broccoli et Saltzman, EON Productions, a engagé une directrice de casting. Cette femme qui s'est soudain retrouvée au service de sa majesté, Debbie McWilliams, a été impliquée dans 13 films de la série avant d'annoncer son départ à la retraite en février 2025. Responsable du recrutement de Timothy Dalton, Pierce Brosnan et Daniel Craig, McWilliams assure qu'il n'existe *« pas de formule magique »* pour choisir Bond.

« Il faut avant tout être un acteur brillant, c'est aussi simple que ça », jure Debbie McWilliams. La procédure de recrutement est toujours la même : *« On dresse une liste, puis on rencontre les acteurs. Ensuite, il y a une audition où on leur demande de jouer la scène d'un ancien film de la série. »* La scène en question est extraite de *Bons Baisers de Russie* (1963), a divulgué Michael Wilson lors d'une conférence organisée par le London's British Film Institute en 2022. On y voit une espionne soviétique, Tatiana Romanova, pénétrer dans la chambre de Sean Connery pour le séduire.

Michael Wilson avait fait une autre révélation lors de l'événement. Pour le rôle de 007, *« nous avons essayé des jeunes hommes mais ça ne fonctionnait pas »*, confiait alors le producteur. *« Bond est quelqu'un d'expérimenté qui est pour ainsi dire déjà allé au combat. »* Henry Cavill a d'ailleurs passé une audition en 2006 alors qu'il n'avait que 23 ans. Mais c'est finalement Daniel Craig, 38 ans, qui lui a été préféré. Se pourrait-il que les producteurs aient à nouveau changé d'avis ?

Après tout, le choix de Daniel Craig avait décontenancé pas mal de fans en son temps. *« C'était un pari risqué, car, historiquement, James est plutôt grand et brun »*, fait remarquer Laurent Perriot, auteur des livres *Le monde de James Bond* et *Bons baisers du monde*. *« Avec*

« Il faut avant tout être un acteur brillant, c'est aussi simple que ça »

ses airs d'espion russe, Daniel Craig a cassé le moule. » De l'avis de Debbie McWilliams, il apportait *« un grand bol d'air frais »*. Tandis que *« Pierce Brosnan avait un côté romantique »*, le style de son successeur était *« beaucoup plus agressif, plus proche du tueur au sang-froid décrit par Fleming dans ses livres »*. Mais il était aussi et surtout *« plus contemporain »* à ses yeux.

En fin de compte, la directrice de casting ne regrette pas de l'avoir choisi, preuve que différents morphotypes peuvent rentrer dans le smoking. Mais le temps de Daniel Craig était compté. En 2006, après l'avant-première de *Casino Royale* à Berlin, en Allemagne, l'acteur britannique s'est retrouvé dans une voiture avec Barbara Broccoli. *« Combien de films comme ça je dois encore faire ? »*, a demandé Craig, peu au fait des détails du contrat. *« Quatre »*, a répondu la productrice. *« Oh, ok, est-ce que je peux le tuer sur le dernier ? »* a embrayé le comédien. Et le destin de James Bond était scellé.

Quatre ans après son décès dans l'archipel des Féroé, les équipes d'Amazon sont toujours à la recherche du nouveau James Bond. Maintenant qu'il a passé la barre de la quarantaine, Henry Cavill pourrait bien être convié à une nouvelle audition. Il ne sera néanmoins pas le seul candidat. Fin mai 2025, Aaron Taylor-Johnson a été nommé ambassadeur d'Omega. Or James Bond porte exclusivement cette marque de montres depuis *GoldenEye*, en 1995. Un signe ? Une chose est sûre, *« choisir le bon acteur est une tâche compliquée que je ne confierais pas aux abonnés de X »*, persifle Debbie McWilliams, pas mécontente d'avoir quitté le navire avant l'arrivée de Jeff Bezos. Alors, James Bond se trouve-t-il parmi la liste de 32 noms évoqués par le magazine *Esquire* ? S'agit-il d'Henry Cavill ou d'Aaron Taylor-Johnson ? Ou faut-il chercher du côté de la jeunesse britannique incarnée par Tom Holland, Jacob Elordi et Harris Dickinson ? *« Ne croyez pas ce que dit la presse »*, élude l'ancienne directrice de casting.

ANORA : COMMENT LE MEILLEUR FILM DE L'ANNÉE A FAIT CAMPAGNE POUR ÊTRE RECONNU MEILLEUR FILM DE L'ANNÉE AUX OSCARS

IMAGE : ©FRANCK SUN RETOUCH

Un Oscar ne se gagne pas tout seul, pas même pour la Palme d'or. Pour donner à *Anora* toutes ses chances, la société de production américaine Neon a eu recours à un savant mélange de flair, de génie marketing et de dollars.

tiff
TORONTO
tiff

Les jambes de Mikey Madison tremblent en montant sur la scène du Vista Theater, un petit cinéma de Los Angeles. L'actrice américaine a beau s'être musclée pour jouer le rôle d'Anora, la strip-teaseuse du film éponyme, son corps continue de lui jouer des tours. *« Oh mon Dieu, je suis tellement stressée »*, avoue-t-elle au micro, en ce soir de septembre 2024, malgré la Palme d'or décernée au chef-d'œuvre de Sean Baker quelques mois plus tôt. Car cette avant-première a quelque chose de spécial.

« Je crois que c'est le plus beau public de cinéma que je n'ai jamais vu », enchaîne Madison. Alors que ses jambes retrouvent leur calme, celles de l'assistance se dressent et remuent comme des antennes au-dessus des sièges. Dans la salle, les travailleuses du sexe et les danseuses font claquer leurs talons pour applaudir la comédienne. Le bruit sec des escarpins, des stilettos et des bottes à plateformes qui s'entrechoquent se mêle aux vivats.

« En dehors de la Palme d'or, ça a été le moment le plus fort [depuis la fin du tournage] », a ensuite confié Madison. *« Rien que d'en parler, je pourrais me mettre à pleurer. C'était quelque chose d'essentiel, car c'est un film pour les travailleuses du sexe. Donc c'était un moment spécial. Entrer dans la salle et découvrir ces femmes formidables applaudir avec leurs talons, c'était magnifique. »* La vidéo de leur ovation haut perchée a aussi été acclamée sur les réseaux.

« Rien que d'en parler, je pourrais me mettre à pleurer »

Cinq mois plus tard, le 3 mars 2025, Mikey Madison est remontée sur scène, non sans nervosité, afin de recevoir l'Oscar de la meilleure actrice. Auréolé de cinq prix, dont celui du meilleur film, *Anora* n'a pourtant pas été un immense succès commercial. Au moment de la cérémonie, ses recettes s'élevaient à 41,4 millions de dollars, ce qui en faisait le long-métrage oscarisé le moins rémunérateur de l'histoire. Alors, la distinction ne lui a-t-elle été remise qu'en vertu de ses qualités intrinsèques ?

L'Académie des Oscars semble elle-même en douter. En avril 2025, l'institution a annoncé la mise en place d'une nouvelle règle imposant aux membres du jury de regarder les films avant de faire un choix. Leurs visionnages seront désormais contrôlés par un logiciel – ce qui ne devrait pas en empêcher certains d'être distraits.

« L'objectif paraît clair », écrivait alors le magazine *Variety*. *« Réduire ce qu'on a coutume d'appeler le "vote en queue-de-pie", qui consiste à voter pour un nominé en fonction de sa réputation, du buzz ou d'une accointance, souvent sans avoir vu les films. »* Mikey Madison sait combien compte l'image. Et c'est peut-être ce qui l'a poussée, lors de son couronnement, à remercier Neon en premier.

Neon est le nom de la société de production et de distribution derrière *Anora*. Lancé par une équipe de 12 personnes réparties entre New York et Los Angeles en 2017, ce studio indépendant a distribué cinq films lauréats de la Palme d'or aux États-Unis, *Parasite*, *Titane*, *Sans filtre*, *Anatomie d'une Chute* et donc *Anora*. Il a également reçu 39 nominations et 11 victoires aux Oscars. En moins d'une décennie, son patron, Tom Quinn, en a fait une machine à gagner des récompenses.

« Ok, donc en gros on peut acheter un Oscar ? »

« Pour assurer la promotion du film, Neon a dépensé 18 millions de dollars, soit trois fois le budget du film »

Pour assurer la promotion d'*Anora*, c'est-à-dire gérer le marketing, la distribution et la publicité, Neon a dépensé 18 millions de dollars, soit trois fois le budget du film. Cela reste toutefois 2 millions de moins que pour *Parasite*, un autre film Neon récompensé par un Oscar en 2020. *« Ok, donc en gros on peut acheter un Oscar ? »*, suspectait un commentaire aimé par plus de 80 000 personnes sur Instagram quand l'information est sortie. Mais les choses ne sont pas si simples. En réalité, Tom Quinn, n'a pas le plus gros portefeuille du marché. Certains de ses rivaux sont prêts à mettre 60 millions de dollars sur la table pour espérer repartir avec une statuette.

Si Quinn est passé maître dans l'art de rafler les statuettes, c'est avant tout, car il a *« bon goût »*, observe Osgood Perkins dans les colonnes de *The Hollywood Reporter*. Comme le réalisateur de *Longlegs*, distribué par Neon, l'actrice Sydney Sweeney est tombée sous son charme lorsqu'elle l'a rencontré pour produire et jouer dans *Immaculée*, un autre film distribué par Neon. *« Il se risque souvent à des stratégies narratives et de marketing atypiques »*, remarque l'actrice.

Ceux qui ont côtoyé Tom Quinn louent son flair et sa détermination à toute épreuve. Avant la sortie d'*Anatomie d'une chute*, le PDG a énormément sollicité les équipes de David Thion. *« Il nous a dit dès le début que ça allait être intense, que nous allions devoir fixer nos propres limites et qu'il allait nous écouter »*, remet le producteur français du film. Quinn est celui qui a décidé de mettre le chien de l'histoire au centre de la campagne. Il l'a même amené au traditionnel déjeuner des nommés aux Oscars, où l'animal a captivé l'attention des journalistes et des jurés. Un coup de communication à la hauteur des applaudissements en talons.

« Il nous a dit dès le début que ça allait être intense, que nous allions devoir fixer nos propres limites et qu'il allait nous écouter »

Tandis que les gros acteurs misent sur des méthodes classiques pour gagner les faveurs du jury, Neon fait preuve d'agilité et d'innovation. *« Quand nous avons acheté* Moi, Tonya, *l'encre n'était pas encore sèche que nous commencions déjà la campagne pour les Oscars »*, glisse Tom Quinn. *« Cela montre la rapidité avec laquelle nous pouvons agir, car nous ne sommes pas un gros studio. »*

Neon est ainsi capable de faire du sur-mesure. *« C'est la campagne qui s'adapte au film, au réalisateur et au public, pas l'inverse »*, explique Tom Quinn. Forte de cette philosophie, la société de 52 employés est parvenue à faire parler d'*Anora* avec des ventes de produits dérivés dans les rues de Los Angeles. Elle a aussi envoyé des DVD aux membres du jury, non sans savoir que certains n'auraient pas de lecteurs chez eux. L'objectif était d'abord que l'imagerie du film s'imprime dans leur rétine pour leur donner envie de le voir.

Enfin, Neon a eu la bonne idée d'organiser une projection pour des travailleuses du sexe et des danseuses, une façon de montrer que la promotion d'un film passe avant tout par les cinémas. *« Messieurs les distributeurs, s'il vous plaît, concentrez-vous sur les sorties en salles de vos films »*, a d'ailleurs imploré Sean Baker quand il est allé chercher son Oscar. *« C'est ce que Neon a fait et je les remercie du fond du cœur. »* Du cœur, Tom Quinn en a mis dans la campagne de promotion du film. Certes, l'argent a joué un rôle dans le choix du jury. Mais comme pour le personnage d'Anora, ce n'est pas ce qui a le plus compté à la fin de l'histoire.

LE GUIDE ULTIME DE L'ŒUVRE DE DAVID LYNCH : LE MOINS REGARDÉ DES CINÉASTES LES PLUS COMMENTÉS

Disparu le 15 janvier 2025 à Los Angeles, le réalisateur américain laisse une œuvre magistrale, parcourue par d'innombrables recoins mystérieux : voici ce qu'il faut avoir vu pour pouvoir en parler.

Eraserhead (1977)

Après plusieurs courts métrages, David Lynch met cinq ans à tourner son premier film. Aussi surréaliste qu'un mauvais rêve, son scénario dérangeant séduit les cinéphiles nocturnes qui en feront une œuvre culte.

Elephant Man (1980)

Succès critique et commercial, le deuxième long-métrage de Lynch est nommé huit fois aux Oscars en 1981. Cette histoire d'un homme transformé en bête de foire obtient le César du meilleur film étranger l'année suivante.

Dune (1984)

Fort de sa renommée naissante, Lynch s'attaque à un classique de la littérature de science-fiction en adaptant *Dune* au cinéma. Mais l'accueil du film est aussi sec que la planète Arrakis.

Blue Velvet (1986)

Grâce à ce thriller horrifique, Lynch renoue avec le succès et fait la rencontre se son compositeur fétiche, Angelo Badalamenti. Il est de nouveau nommé pour l'Oscar du meilleur réalisateur.

Sailor et Lula (1990)

Cette romance noire interprétée par Nicolas Cage et Laura Dern offre à Lynch la Palme d'or au Festival de Cannes. Une consécration.

Twin Peaks (2 saisons, 1990-1991)

Lynch vampirise les codes de la sitcom américaine pour plonger le spectateur dans un monde étrange, effroyable et obsédant, mélodrame surnaturel gravé à jamais dans l'histoire de la télévision et porté par la musique inoubliable d'Angelo Badalamenti. Un film sortira en 1992 et une troisième saison, très expérimentale, a clôturé son œuvre en 2017.

Lost Highway (1997)

Premier film de la trilogie de Lynch à Los Angeles, cette embardée pleine de mystère peine à faire l'unanimité malgré une bande-son rock grand public (David Bowie, Marilyn Manson, Rammstein, Nine Inch Nails et The Smashing Pumpkins).

Une histoire vraie (1999)

Lynch met à l'écran une histoire trouvée dans la presse. Alors qu'il rencontre des problèmes de santé, un septuagénaire privé de permis de conduire fait près de 500 km en tondeuse à gazon pour se rendre au chevet de son frère, victime d'une attaque cérébrale.

Mulholland Drive (2001)

L'éclaircie n'aura pas duré. Deux ans après le lumineux *Une histoire vraie*, Lynch replonge le spectateur dans une ambiance sombre et surréaliste. Un exercice où il excelle.

Inland Empire (2006)

Pour son dernier film, Lynch retrouve le style expérimental de ses débuts et propose, forcément, un de ses films les plus impénétrables.

Silencio (2011)

Fondé à Paris en 2011, ce club privé a été dessiné par Lynch. Son nom fait référence à une séquence culte de *Mulholland Drive*.

Crazy Clown Time (2011)

Premier album en solo du réalisateur, ce projet de 14 pistes prouve sa polyvalence artistique. Avec son *« blues moderne »* aux accents dream pop qui multiplie les digressions méditatives, l'homme de cinéma se mue en homme-orchestre.

LES FILMS QUI NOUS ONT CHOQUÉS CETTE ANNÉE

Anora (Sean Baker)

Une jeune strip-teaseuse de New York rencontre un oligarque russe. Ivan l'emmène à Las Vegas, l'épouse et change sa vie. Le film a reçu la Palme d'or du Festival de Cannes.

The Brutalist (Brady Corbet)

Après avoir échappé à l'Holocauste, un architecte juif hongrois émigre aux États-Unis. Avec l'aide d'un industriel, ce visionnaire tente de reconstruire sa vie dans une Amérique en plein bouleversement.

Conclave (Edward Berger)

À la mort du Pape, un cardinal est chargé de superviser le conclave qui doit désigner son successeur. Inspiré par le roman éponyme de Robert Harris, le film a reçu l'Oscar du meilleur scénario adapté.

Flow (Gints Zilbalodis)

Confronté à la montée des eaux, un chat noir trouve refuge sur un bateau à voile peuplé d'animaux. Le long-métrage a reçu le César et l'Oscar du meilleur film d'animation.

Nosferatu (Robert Eggers)

Un vampire attire un homme dans son piège pour pouvoir enlever son épouse. C'est le deuxième remake du classique de l'horreur *Nosferatu le vampire* (1922).

Parthenope (Paolo Sorrentino)

Une Italienne à la beauté fatale vit entre Naples et Capri. Sa quête de sens se déploie sur plusieurs décennies. Le film a été présenté en compétition officielle à Cannes en 2024.

Le Robot sauvage (Chris Sanders)

Un robot fait naufrage sur une île et rencontre les animaux qui y vivent. L'œuvre a été récompensée par l'Annie Award du meilleur film d'animation.

The Substance (Coralie Fargeat)

La star d'une émission d'aérobic est renvoyée le jour de ses 50 ans. Prête à tout pour retrouver les projecteurs, elle s'injecte une mystérieuse substance censée lui donner accès à une « meilleure version d'elle-même ». Le film a reçu le prix du meilleur scénario à Cannes.

Warfare (Alex Garland et Ray Mendoza)

Un soldat américain est envoyé en Irak en pleine bataille de Ramadi, en 2006. Le film inspiré de l'histoire vraie de Ray Mendoza atteint le score de 93 % sur Rotten Tomatoes.

Cette liste couvre la période de septembre 2024 à juillet 2025

LES ANNEAUX DE POUVOIR : COMMENT LA SÉRIE LA PLUS CHÈRE DE TOUS LES TEMPS A PERDU 60 % D'AUDIENCE D'UNE SAISON À L'AUTRE

Les Anneaux de pouvoir sont loin d'avoir le même attrait que l'Anneau unique. D'après une étude de la société d'analyse Luminate parue en janvier 2025, la deuxième saison de la série, diffusée à partir du 29 août 2024 sur Amazon Prime Video, est 60 % moins regardée que la première. Un échec qui ne date pas de sa sortie, puisque les chiffres de la saison 1 étaient déjà en chute libre.

Avec son budget colossal de 1 milliard de dollars, qui en fait la série la plus chère de l'histoire, ce préquel se déroulant environ trois mille ans avant les événements contés dans *Le Hobbit* et *Le Seigneur des Anneaux* était censé rouler sur la concurrence. « *Âmes sensibles s'abstenir* », prévenait la cheffe des studios Amazon, Jennifer Salke, en septembre 2022. Et ça a effectivement été un carnage.

Seuls 37 % des Américains ayant entamé la première saison sont allés au bout, selon *The Hollywood Reporter* ; et une part comparable lui a donné une note positive sur Rotten Tomatoes. *Les Anneaux de pouvoir* ont souffert de la comparaison avec *Game of Thrones*, et certains amateurs de l'œuvre de Tolkien se sont plaints de ne pas reconnaître les personnages.

« *Même si la deuxième saison est meilleure, il ne semble pas que les fans qui sont partis aient été prêts à donner une deuxième chance à la série* », écrivait le *Guardian* en septembre 2024. Aux États-Unis, le nombre de ménages à regarder le premier épisode a été divisé par deux entre la saison 1 et la saison 2. Le troisième volet prévu en 2026 aura donc fort à faire pour rattraper le coup. ●

LA FOLLE HISTOIRE D'*EMILIA PEREZ* : DE FAVORI POUR LES OSCARS À COM DE CRISE

Porté aux nues lors de l'édition 2024 du Festival de Cannes, le film musical de Jacques Audiard a connu la débâcle en quelques mois. De nombreuses controverses ont coupé court à son triomphe annoncé aux Oscars.

Au printemps 2024, le Festival de Cannes a déroulé son mythique tapis rouge à *Emilia Perez* en lui offrant le prix du jury et le prix d'interprétation féminine pour l'ensemble des actrices. Et ce n'était encore qu'un début. Primé par l'Académie européenne du cinéma et cité parmi les meilleurs films de l'année par l'American Film Institute, le film de Jacques Audiard devait tout rafler aux Oscars : la comédie musicale rassemblait 13 nominations, soit seulement une de moins que *Titanic*, qui détient le record absolu en la matière. Mais beaucoup de ces espoirs allaient être emportés par les polémiques.

Dès août 2024, au cours d'une interview à Konbini, Audiard déclare que *« l'espagnol est une langue de pays émergents, c'est une langue de pays modestes, de pauvres, de migrants »*. Quelques mois plus tard, après la première projection à Morelia, au Mexique, il déclare qu'il n'a *« pas tant »* étudié le pays où se passe le film. *« Ce que j'avais à comprendre, je le savais. »* Une déclaration mal reçue par les Mexicains. D'autant que le film a principalement été tourné dans un studio de Bry-sur-Marne (Val-de-Marne). Audiard a bien fait des repérages outre-Atlantique, mais *« tous les décors [lui] paraissaient trop réels, trop solides, trop grands, trop petits, trop compliqués… »*.

Une polémique n'arrivant jamais seule, d'anciens tweets plus que douteux de l'actrice principale ont été retrouvés en janvier 2025. Accusée de racisme, d'islamophobie et d'antisémitisme, Karla Sofía Gascón a rapidement été écartée de la campagne de promotion du film par son diffuseur, Netflix. Ce qui n'a pas empêché sa note de dégringoler sur IMDb, passant de 9/10 à 5,7/10, l'évaluation la plus basse jamais donnée à un film candidat aux Oscars. Malgré les excuses d'Audiard et de Gascón, *Emilia Perez* n'a obtenu que deux Oscars, celui de meilleur second rôle féminin et celui de meilleure chanson originale.

L'OBJET DE L'ANNÉE : LE MINI CÉSAR DE FRANCK DUBOSC

IMAGE : ©ULYCES

Franck Dubosc avait deux bonnes raisons de mettre ses lunettes lors de la 50e cérémonie des César, le 28 février 2025. Sans elles, il aurait été aussi incapable de lire son discours sur scène que de discerner les détails de la statuette posée devant lui. Ce trophée de la taille d'un domino est *« le César de ceux qui n'ont pas eu le César et qui ne l'ont toujours pas ce soir »*, a lancé le réalisateur d'*Un Ours dans le Jura* avant de s'adonner à un bel exercice d'autodérision : *« Je comprends pourquoi les comédies sont moins récompensées aux César, mais je voulais juste rappeler à l'Académie que j'ai fait des comédies qui n'étaient pas drôles. »*

LE LIEU DE L'ANNÉE : LE FOUR SEASONS KOH SAMUI DE LA SAISON 3 DE *THE WHITE LOTUS*

IMAGE : ©POUDOU99

Après avoir posé sa caméra à Hawaii et en Sicile, Mike White a mis le cap sur la Thaïlande pour filmer la troisième saison de sa série à succès, *The White Lotus*. Dans les heures qui ont suivi la sortie de la bande-annonce, la plateforme Hotels.com a observé une augmentation de 65 % des recherches en lien avec le Four Seasons de Koh Samui, où se déroule une partie des péripéties. L'établissement de luxe est bien décidé à en profiter puisqu'il propose des séjours estampillés « *White Lotus Experience* » avec des cocktails signatures et des excursions inspirées des épisodes.

LA CITATION DE L'ANNÉE : « UN SOLDAT MONTRAIT LE CLIP DE *CALL ON ME* CHAQUE FOIS QU'ILS DEVAIENT PARTIR EN OPÉRATION. C'ÉTAIT UNE FAÇON PARFAITE DE COMMENCER LE FILM » ALEX GARLAND

Au début de *Warfare*, un groupe de soldats regarde le clip de *Call on Me*, du DJ suédois Eric Prydz. Ce peloton est celui de Ray Mendoza, un ancien membre des *US Navy SEAL* déployé en Irak en 2006 qui a coréalisé le film avec Alex Garland. Et la scène a vraiment existé. *« Ray avait le morceau. Il a d'abord parlé de s'en servir pour la fin, mais, selon ses explications, un des gars montrait le clip à chaque fois qu'ils devaient partir en opération »*, a expliqué Alex Garland dans une interview accordée au site RogerEbert.com.

« Une fois qu'on a su ça, on n'était pas obligé de s'en servir, mais c'était une façon parfaite de commencer le film », poursuit-il. *« J'ai écouté le morceau et on en a discuté. Un matin, lors d'une réunion avec notre directeur de la photographie, Dave Thompson, et Allon [Reich], le producteur, on s'est dit que ça pourrait marcher. On n'avait pas encore l'autorisation d'utiliser la musique, on a décidé de filmer et de demander l'autorisation après. Ray a donné aux gars trois types de comportements : tranquille, normal et à fond. Ça a été une super journée. »* Et ça a fait un super film.

LA REMONTADA DE L'ANNÉE : DEMI MOORE

IMAGE : ©JAY DIXIT

Il aura fallu que Demi Moore interprète une star de la télé virée le jour de ses 50 ans pour que le monde du cinéma change son regard sur elle. À 62 ans, la comédienne américaine a reçu le Golden Globe de la meilleure actrice pour son rôle dans *The Substance*, substance qu'elle s'injecte, après avoir été licenciée, dans l'espoir de rajeunir. *« Je fais ce métier depuis longtemps, plus de 45 ans, et c'est la première fois que je gagne quelque chose en tant qu'actrice »*, a-t-elle avoué lors de la remise du prix, en janvier. Dans l'industrie, on lui voyait un avenir moins distingué *« Il y a 30 ans, un producteur m'a dit que j'étais une actrice "pop-corn". J'ai pensé que je pouvais faire des films qui avaient du succès et qui rapportaient beaucoup d'argent, mais que je ne pouvais pas être reconnue par mes pairs. »* Avec l'aide de la Française Coralie Fargeat, qui réalise *The Substance*, Demi Moore a fini par lui prouver le contraire.

COMMENT LE LIVE ACTION DE *BLANCHE NEIGE* EST DEVENU LE FILM LE MOINS BIEN NOTÉ DE TOUS LES TEMPS

« Après avoir envisagé de remplacer lesdits nains par des "créatures magiques", Disney a préféré les générer en images de synthèse que de faire intervenir des acteurs »

IMAGE : ©BRUTALLY GOLDEN

Blanche Neige arrive-t-elle encore à se regarder dans un miroir ? Depuis la sortie d'une nouvelle version de ce classique absolu de Disney, en mars 2025, l'héroïne née en 1937 se retrouve sous les foudres du royaume de la critique. En mai, cette adaptation portée à l'écran par Marc Webb était notée 1,7 sur IMDB, une des pires notes jamais attribuées à un film. Les 43 millions de dollars de recettes rassemblées lors du premier week-end d'exploitation en font aussi l'une des moins bonnes sorties de l'histoire de Disney, ce qui a poussé le studio à arrêter la production du remake live-action de *Raiponce*.

Le développement du projet n'a rien d'un conte de fées. Annoncé en 2016 et ajourné par l'épidémie de Covid-19, son tournage a démarré en 2022 dans des conditions houleuses. D'abord, parce que l'acteur Peter Dinklage (qui joue Tyrion Lannister dans *Game of Thrones*) a dénoncé une *« histoire arriériste à propos de sept nains vivant ensemble dans une grotte »*. Après avoir envisagé de remplacer lesdits nains par des *« créatures magiques »*, Disney a préféré les générer en images de synthèse que de faire intervenir des acteurs.

Ensuite, car la comédienne choisie pour endosser le rôle principal, Rachel Zegler, a surtout été couronnée reine des polémiques. *« Ce film de 1937 est clairement dépassé, en particulier en ce qui concerne les rôles attribués aux femmes et leur place dans la société »*, a-t-elle estimé au cours d'un entretien avec le magazine *Variety*. Un crime de lèse-majesté pour certains fans de l'œuvre originale. Mais ce n'est pas tout. Jonah Platt, le fils du producteur Marc Platt, l'a accusé d'utiliser le film pour propager des messages politiques, ce qui témoigne selon lui d'un tempérament *« narcissique »* et *« immature »*.

Retardée par la grève de Hollywood en 2023, la sortie de film a finalement été accompagnée d'un tombereau de critiques acides. *Blanche Neige* n'est *« ni drôle, ni émouvant ni même effrayant »*, juge *Le Point*, c'est *« un pur massacre »* selon *Le Monde* et *The Guardian* compare le film à *« une longue journée de travail dans les mines »*. Il va falloir que Disney retourne au boulot.

LES FILMS DE VAMPIRES PRÉFÉRÉS DE ROBERT EGGERS

IMAGE : ©UNIVERSAL PICTURESS / MEDAILLON : ©ULYCES

À l'occasion de la sortie de Nosferatu, en décembre 2024, le réalisateur américain Robert Eggers nous a parlé de ses films de vampires préférés.

Nosferatu le vampire (1922)

La version de Murnau a évidemment changé ma vie.

Dracula (1931)

Le film de Tod browning avec Bela Lugosi est génial.

La Fille de Dracula (1936)

La version d'Universal est assez bonne.

Le Cauchemar de Dracula (1958)

J'ai adoré le premier film de la série produit par Hammer en grande partie pour le jeu du comédien Peter Cushing.

Dracula 73 (1972)

Il y a un tas de bonnes idées dans le film de 1972.

Nosferatu, fantôme de la nuit (1979)

J'ai vu le film de Herzog un million de fois.

Dracula (1992)

J'ai découvert le film de Coppola quand j'étais enfant et ça m'a fasciné.

Dracula et les femmes (1958)

Le réalisateur Freddie Francis est incroyable.

Chapitre 04

IA ET TECH

SKYNET
NVIDIA
AMD

NVIDIA DÉTIENT-ELLE LA CLÉ DE L'AVENIR DE L'HUMANITÉ ?

Les puces IA de Nvidia sont incontournables pour faire tourner les modèles d'IA les plus compétitifs au monde. Dans une situation monopolistique qui ne dit pas son nom, l'entreprise à la valorisation la plus haute du monde se retrouve au cœur d'enjeux géostratégiques entre les États-Unis et la Chine, et cache peut-être même, entre ses circuits intégrés, le futur de l'humanité.

Le sourire de Jensen Huang est un peu crispé. *« Est-ce que vous aimez ma veste »*, vient de lancer le sexagénaire en entrant sur la scène du Consumer Electronics Show (CES), le plus grand salon dédié aux technologies de la planète. Comme l'événement a lieu à Las Vegas, dans le Nevada, Huang s'est senti obligé de faire le show ; ce lundi 6 janvier 2025, il a revêtu un blouson en cuir plus brillant que d'habitude. L'effet de manche ne prend pas. Dans le regard voilé par de fines lunettes d'ingénieur de cet homme aux cheveux gris et à la mâchoire carrée, on sent qu'il n'est pas programmé pour ça.

Depuis que l'arrivée de ChatGPT, en novembre 2022, a mis son entreprise au cœur de la course à l'intelligence artificielle (IA), le patron de Nvidia s'est habitué à donner des conférences de plusieurs heures, seul face au public. Elles cumulent ensuite des millions de vues sur YouTube. Qui n'a pas envie d'entendre le génie qui règne sur près de 80 % du marché des cartes graphiques GPU, ces puces qui servent de moteur aux meilleurs algorithmes ? Alors que le monde entier s'arrache la H100, le modèle le plus utilisé du marché, Nvidia assure que la demande est *« incroyable »* pour son dernier-né, la Blackwell.

Mais la vérité, c'est que *« Huang déteste parler de lui-même »*, écrit Stephen Witt, qui a dressé son portrait dans le livre *The Thinking Machine: Jensen Huang, Nvidia, and the World's Most Coveted Microchip* (*« La machine à penser : Jensen Huang, Nvidia et la puce électronique la plus convoitée au monde »*, non traduit en français). Le journaliste américain a passé des jours à l'observer et des heures à lui parler. *« C'est un ingénieur brillant, avec une âme de leader, mais il ne sait pas trop quoi faire de ses émotions »*, s'amuse-t-il. Une personnalité hors du commun qui lui a permis de voir *« ce qu'il allait se passer avant tout le monde »*, plussoie Jean-Louis Quéguiner, fondateur de la société d'IA française Gladia.

« C'est un ingénieur brillant, avec une âme de leader, mais il ne sait pas trop quoi faire de ses émotions »

Avec cette veste qui luit sous les néons du CES, Huang cherche-t-il à adoucir son image de génie des maths ? Ce qui est sûr, c'est qu'il a l'air plus humain que ses invités du jour. Après avoir passé près d'une heure trente à se féliciter de l'avancée *« fulgurante »* de l'IA, le PDG de Nvidia est rejoint par 14 robots aux profils variés. *« Le moment ChatGPT de la robotique est imminent »*, promet-il. De la même manière que l'agent conversationnel d'Open AI est capable de s'adapter à son interlocuteur pour répondre à ses questions, les algorithmes devraient permettre aux androïdes de s'entraîner *in petto* pour comprendre les lois de la physique et les maîtriser avec une dextérité inédite une fois lâchés dans la nature.

En mars 2025, Huang a d'ailleurs présenté *Blue*, un robot développé en partenariat avec Google DeepMind et Disney Research, dont les réactions sont presque aussi naturelles que les siennes. Ce que l'Américano-Taïwanais appelle *« l'IA physique »* va ouvrir *« la voie à la prochaine vague d'IA qui révolutionnera les plus grands secteurs »*, qu'il s'agisse de la médecine, des transports, des services à la personne ou de la guerre. Il ne devrait ainsi s'écouler que *« quelques années »* avant que les robots humanoïdes commencent à déambuler autour de nous.

Les systèmes dont ils sont dotés ne cessent déjà de se perfectionner. Dans une étude publiée début avril 2025, les chercheurs de Google DeepMind estiment *« plausible »* qu'une forme d'intelligence artificielle générale (IAG) voie le jour d'ici 2030. Le terme d'IAG fait référence à un programme capable d'apprendre n'importe quelle tâche cognitive propre aux humains et, en s'appuyant sur de larges bases de données, de les dominer intellectuellement.
Une perspective vertigineuse.

« Jensen Huang se retrouve dans la même situation que Samuel Brannan, le petit malin qui avait acheté toutes les pelles disponibles à San Francisco pour les revendre pendant la Ruée vers l'or au XIXe siècle : il est incontournable »

Jensen Huang,
PDG de Nvidia

Selon la définition d'OpenAI, il s'agit de *« systèmes hautement autonomes qui surpassent les humains dans les tâches qui ont le plus de valeur ajoutée »*. En 2023, le patron de la société californienne Sam Altman estimait cette technologie capable de *« donner un coup de fouet à l'économie, stimuler la connaissance scientifique et repousser les limites de ce qu'il est possible de faire »*. À l'entendre, l'humanité s'apprête à prendre un virage sans précédent.

Or, rien de tout ceci n'a de chance d'arriver sans Nvidia. Grâce à ses puces qui n'ont pas d'équivalent sur le marché, que ce soit en matière de puissance de calcul, de mémoire et de capacité de traitement des données, l'entreprise, au coude à coude avec Microsoft pour le titre de société la plus valorisée au monde, jouit d'un quasi-monopole. Adoptée par tous les chercheurs de pointe dans les réseaux neuronaux, sa plateforme *Cuda* (Compute Unified Device Architecture) a été conçue pour les garder captifs. *« Le système est tellement verrouillé que c'est très compliqué d'en sortir »*, explique Jean-Louis Quéguiner. *« C'est comme les claviers qwerty ou azerty »*, compare Stephen Witt. *« Une fois que vous avez pris l'habitude de les utiliser, vous ne regardez même plus les alternatives. »*

Résultat, Jensen Huang se retrouve dans la même situation que Samuel Brannan, le petit malin qui avait acheté toutes les pelles disponibles à San Francisco pour les revendre pendant la Ruée vers l'or au XIXe siècle : il est incontournable. Les deux hommes ont un autre point commun. Comme Samuel Brannan, originaire du Maine, Jensen Huang n'est pas venu au monde en Californie. C'est loin d'être un détail. Aux yeux des Américains, *« je serai toujours chinois »*, a confié ce fils d'un ingénieur en chimie et d'une professeure des écoles à Stephen Witt.

Né à Taïwan en 1963, Huang, qui est arrivé aux États-Unis à l'âge de 10 ans, y fonde Nvidia en 1993. Mais sa société de cartes graphiques pour le jeu vidéo dispose d'un réseau de sous-traitants sur l'île asiatique, au premier rang desquels on trouve aujourd'hui Taiwan Semiconductor Manufacturing Company (TSMC).

En travaillant sur la série de first-person shooter (FPS) Quake, à la fin des années 1990, Nvidia a modifié ses processeurs de façon à leur permettre de résoudre toute une série de problèmes en même temps. Cette approche appelée *« parallélisme »* n'a pas porté ses fruits tout de suite. L'entreprise de la Silicon Valley s'est même mise à perdre de l'argent jusqu'à ce qu'en 2012, des chercheurs de Toronto achètent deux de ses cartes graphiques pour entraîner leurs réseaux de neurones artificiels.

Leurs expérimentations ont ouvert la voie au deep learning, ou apprentissage profond. La méthode est suffisamment adaptée aux problèmes complexes pour créer des outils à même de *« parler comme un humain, écrire un essai universitaire, résoudre un problème mathématique compliqué, fournir un diagnostic ou animer un podcast »*, comme l'écrit Stephen Witt, dans son livre, *The Thinking Machine: Jensen Huang, Nvidia, and the World's Most Coveted Microchip*. Le potentiel est immense. *« Dès lors que vous avez suffisamment entraîné votre programme, il peut continuer à progresser tout seul »*, observe le journaliste.

Abasourdis par les modèles en cours de développement, les scientifiques de Toronto qui ont révélé la puissance des puces Nvidia voient aujourd'hui l'IA comme une menace pour la survie de l'espèce humaine. La question est si sensible qu'en 2022, les États-Unis ont interdit les exportations des puces les plus avancées de Nvidia vers la Chine. La réplique est arrivée 3 ans plus tard. En janvier 2025 à Pékin, la start-up chinoise DeepSeek a annoncé la sortie d'un modèle similaire à Chat-GPT fonctionnant avec des cartes graphiques moins élaborées et moins énergivores que les H100. L'outil n'aurait coûté que 6 millions de dollars, un prix mis en doute par quantité de spécialistes.

Même si le cours de Nvidia a un temps plongé, avant de se redresser, Jensen Huang ne voit pas la prouesse d'un mauvais œil. *« Les marchés n'ont pas compris ce que cela signifiait »*, assure Stephen Witt. *« Le fait que DeepSeek soit plus efficace dans l'entraînement dans son modèle va stimuler la demande des consommateurs et la réponse à cette demande sera assurée par des centres de données qui fonctionnent avec des puces Nvidia. »*

« "Ils sont en train de construire Skynet", écrit un utilisateur de X, en référence à l'IA du film* Terminator*, créée pour automatiser la riposte nucléaire américaine »

Loin d'être un simple vendeur de puces, Nvidia veut contrôler toute l'architecture de l'intelligence artificielle utilisée par ses clients. *« Pour la première fois, un datacenter ne sert pas seulement à stocker et à traiter les données d'une entreprise »*, pointait Jensen Huang en février. *« Nous avons maintenant un nouveau type de datacenter axé sur l'IA, une véritable usine d'IA. »* Le PDG fait référence à une infrastructure capable de créer de la valeur à partir des données en gérant la totalité du cycle de vie de l'IA. *« Ils sont en train de construire Skynet »*, écrit un utilisateur de X, en référence à l'IA du film *Terminator*, créée pour automatiser la riposte nucléaire américaine.

« Nvidia détient une partie de l'avenir de l'humanité entre ses mains », reconnaît Jean-Louis Quéguiner. En privant certains pays de leurs technologies, la société de Jensen peut les empêcher de s'améliorer sur la voie de l'intelligence artificielle générale. Mais *« tout dépend de l'usage qui en est fait »*, nuance-t-il. Le patron de Gladia compare l'entreprise aux grands vendeurs d'armes, dont dépendent les progrès dans le nucléaire militaire. Là encore, Skynet n'est pas très loin.

Face aux concurrents qui se mettent en ordre de bataille – comme AMD qui a présenté son serveur Helios et ses nouvelles puces MI355 en juin 2025 –, Nvidia continue de perfectionner ses puces et sa plateforme. *« C'est un secteur où les avancées technologiques arrivent si vite qu'il faut constamment se réinventer »*, indique Stephen Witt. Jensen Huang est aujourd'hui le mieux placé pour dicter le rythme de la course vers l'intelligence artificielle générale. Reste à savoir pour combien de temps.

LES NOUVEAUX MAÎTRES DU MONDE : POURQUOI LA COURSE À L'INTELLIGENCE ARTIFICIELLE EST UN ENJEU DE GÉOSTRATÉGIE

IMAGE : ©ULYCES

Après avoir montré *« comment la technologie fait de nous des soldats »* dans *Technopolitique* (2024), la politologue franco-tunisienne Asma Mhalla signe un second essai, *Cyberpunk*, où elle décrypte *« Le nouveau système totalitaire »* issu de l'alliance des grandes puissances et des géants des technologies.

SKYNET

Quelle est l'importance de l'intelligence artificielle pour les grandes puissances ?

C'est quelque chose de fondamental. Vous ne pouvez pas penser une politique de puissance sans une armée équipée par les nouvelles technologies. L'intelligence artificielle est évidemment au cœur de ça. Il y a d'abord toute la partie invisible, les logiciels, les algorithmes, l'ensemble des instruments qui vont vous aider à capter et à traiter la data. Vous avez ensuite ce qui occupe le débat public, à savoir les armes autonomes, qui se développent sans véritable cadre. Enfin, il faut prendre en compte l'ensemble des systèmes algorithmiques, que ce soient les réseaux sociaux ou les implants, qui sont en fait des technologies duales, c'est-à-dire qu'elles sont à la fois civiles et militaires. Elles interviennent dans les conflictualités cyber-hybrides.

Celui qui dispose d'une avance technologique, notamment dans les systèmes algorithmiques et à usages militaires, domine la concurrence. Or, nous assistons à la résurgence d'une rivalité entre deux empires. D'un côté, les États-Unis sont en déclin, ou en pseudo-déclin, mais entendent rester la première puissance mondiale. De l'autre, la Chine aspire à façonner le prochain ordre mondial. Il y a donc un rapport de force dont l'enjeu est de savoir qui sera la superpuissance, voire l'hyperpuissance du XXIe siècle. Et cela passe par la maîtrise des technologies.

La politique de Donald Trump change-t-elle la donne ?

Il existe un continuum au niveau de la projection de puissance technologique. Barack Obama a été le premier à avoir son CTO (Chief Technology Officer, ou responsable de la technologie) en la personne d'Aneesh Chopra. C'est lui qui a créé le bureau du Pentagone dans la Silicon Valley dès 2015, lui qui a ouvert la NASA à Elon Musk, avec un discours intitulé *L'Amérique fera le pas de géant vers Mars*, qui se voulait à la hauteur du *Nous avons choisi d'aller sur la Lune* prononcé en 1962 par John Fitzgerald Kennedy. Mais surtout, Obama est celui qui a lancé la stratégie pivot consistant, dès 2011-2012, à se concentrer sur la Chine et l'Indopacifique. La conflictualité n'a fait qu'augmenter depuis.

Lors de son premier mandat, Trump a lancé le *« Clean Network »*. C'était une espèce d'audit de l'ensemble de l'appareil d'État américain pour le purger des réseaux d'influence chinois. Il s'en est aussi pris à Huawei et à TikTok. Sous Biden, cette politique d'endiguement a continué. Elle se renforce aujourd'hui avec les salves de restrictions à l'exportation des semi-conducteurs de dernière génération et le blacklisting d'un certain nombre d'entreprises chinoises. En 2025, la forme a changé. Trump est plus erratique, plus hystérique et aussi plus ambigu, notamment dans sa volonté de réguler les Big tech.

Quel rôle jouent les géants de la technologie sur l'échiquier géopolitique ?

Ce sont les bras armés de leurs États, mais aussi des goulots d'étranglement dans l'industrie, l'économie ou le cyberespace. On a bien vu comment Elon Musk est devenu un acteur majeur de la guerre en Ukraine à travers Starlink. Non seulement ils font partie d'un complexe techno-militaire, mais ils redéfinissent le pouvoir. La gouvernance est partagée entre les *« Big tech »* et le *« Big state »*. C'est en fait un nouveau Léviathan à deux têtes, comme l'a montré le département de l'Efficacité gouvernementale (Doge) avec lequel Elon Musk a secondé Donald Trump. Les géants technologiques sont aujourd'hui des acteurs normatifs, idéologiques, de captation des usages et de domination des autres pays. C'est très intéressant du point de vue de la théorie politique parce que, jusque-là, la souveraineté était exclusivement comprise comme nationale, c'est-à-dire qu'elle concernait un État au sein de ses frontières. Désormais, un certain nombre de méga corporations développent leur propre souveraineté, sans pour autant qu'elle soit décorrélée à l'État. En fonction du sujet, *« Big tech »* et *« Big state »* peuvent converger ou diverger, ce qui complique l'analyse.

Les États autoritaires sont-ils mieux placés pour remporter la course à l'intelligence artificielle ?

La technologie n'est qu'un outil. On s'est souvent trompé de débat en cherchant à savoir ce qu'était l'IA. Le sujet n'est pas quoi, mais qui : qui gouverne, qui est derrière, qui la conçoit et pour quoi faire ? C'est donc une question de philosophie politique qui se pose : est-ce qu'un empire peut être démocratique ? Théoriquement oui, factuellement j'en doute. Plus vous grossissez, plus vous avez besoin de verticaliser pour être en ordre de marche. Nos logiciels de démocratie libérale occidentale nous ont souvent poussés à présenter la Chine comme un repoussoir.
La vérité, c'est que le modèle américain est en train de converger vers le chinois. Ce n'est pas désirable, mais il serait hypocrite ou naïf de ne pas le reconnaître.

« Nos logiciels de démocratie libérale occidentale nous ont souvent poussés à présenter la Chine comme un repoussoir. La vérité, c'est que le modèle américain est en train de converger vers le chinois »

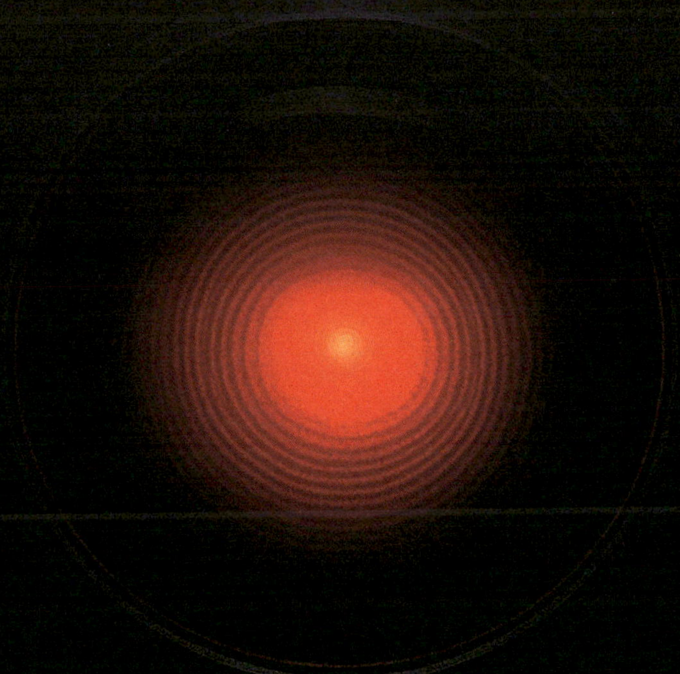

Asma Mhalla
politologue

Dans ce contexte, l'Europe a-t-elle intérêt à construire un pouvoir plus vertical ?

L'Europe est déjà très verticale. Le fonctionnement de la Commission européenne est quand même foncièrement bureaucratique et déconnecté des peuples. Dernièrement, elle a essayé de mettre en place des règles pour conserver un peu de souveraineté face aux Big tech. C'était important de le faire, mais ça ne fait que limiter les dégâts. Nous manquons cruellement d'une stratégie techno-industrielle. Certes l'Union européenne a débloqué 43 milliards d'euros pour soutenir l'industrie des semi-conducteurs, il y a des projets dans le domaine de l'intelligence artificielle. Mais la vérité c'est que vous avez 27 États disparates avec des intérêts divergents, des acceptions différentes de la souveraineté et des rapports à l'atlantisme variés.

Comme nous ne sommes pas des géants, nous devrions nous concentrer sur nos points forts, travailler nos stratégies de niche, nous positionner sur des chaînes de valeurs ultra-stratégiques, pour devenir incontournables dans un domaine. On ne peut pas l'être partout, mais il faut chercher à l'être quelque part. Enfin et surtout, l'Europe est vécue comme une espèce de machinerie réglementaire désincarnée. La force de Trump, de Musk et des idéologues de la Silicon Valley, c'est qu'ils ont un récit. On peut le détester, mais ils ont quelque chose à proposer d'extrêmement clair. *A contrario*, l'Europe manque d'un espace public avec des intellectuels et des leaders paneuropéens. Plus que l'Union européenne, c'est l'Europe qui est à construire.

Quel est le récit des géants des technologies et quels sont ses effets ?

Vous avez le narratif de la super-intelligence, d'une intelligence artificielle générale qui va nous être supérieure cognitivement avant peut-être de nous détruire. La vérité, c'est que nous sommes déjà dépassés. Il y a tellement de données, que les IA vont beaucoup plus vite que nous. Simplement, elles n'ont pas une conscience d'elles-mêmes. Mais nous sommes déjà dans ce point de jonction où nous avons besoin d'être augmentés par des logiciels divers et variés pour être capables de transformer la data, qui est pléthorique, en information stratégique, c'est-à-dire en scénario de guerre.

« Nous sommes entrés dans de nouveaux systèmes totalitaires complètement invisibles. Nul besoin de réprimer les corps puisqu'on manipule les esprits »

Par ailleurs, nous sommes les sujets d'une opération cognitive visant à saturer l'opinion de façon à ce qu'il n'y ait plus la possibilité de la penser. On n'a pas bien compris, comme on est toujours pris dans le commentaire de l'actualité, que le futur est déjà là. Les dystopies, le cyberpunk, les méga corporations, les histoires d'IA supérieures à nous, les frontières avec Mars, etc. : nous sommes en train d'entrer dans cette époque. Ce n'est pas une perspective, elle est déjà là et on ne la voit pas.

Le système politique a changé. La démocratie telle qu'on l'avait construite au XXe siècle a été neutralisée. Le Doge d'Elon Musk correspond à une nouvelle théorie de l'État, qui se retrouve réduit à un paramètre, à des lignes de code. Et en même temps, l'État est total par sa capacité de surveillance. Donc nous sommes entrés dans de nouveaux systèmes totalitaires complètement invisibles. Nul besoin de réprimer les corps puisqu'on manipule les esprits. Et ça, il va falloir qu'on le comprenne pour s'en détacher.

Va-t-on revenir à une logique de bloc ?

Oui et non. On est sur un échiquier géopolitique qui est en train de se reconfigurer, donc cela implique forcément des partenariats ou des allégeances. Il y a une mise à plat des alliances dans un monde où les points de tensions sont nombreux, comme à Gaza ou en Ukraine. Mais ce n'est pas si homogène que ça, la diplomatie est liquide, c'est-à-dire qu'elle change en fonction du sujet. L'allié d'un État dans le domaine de l'IA peut aussi être son adversaire en Ukraine. Nous sommes en train de construire un monde multipolaire, avec des sous-blocs liquides, en attendant la superpuissance qui va émerger ou se maintenir.

CHATGPT IMITE LE STYLE DU STUDIO GHIBLI : « UNE INSULTE À LA VIE ELLE-MÊME »

IMAGE : ©HAYAO MIYAZAKI

C'est peu dire qu'Hayao Miyazaki n'aime pas les créations de l'intelligence artificielle. En 2016, le célèbre mangaka les avait qualifiées d'« insultes à la vie elle-même ! ». Près de 10 ans plus tard, le 25 mars 2025, une faille s'est ouverte sur un univers parallèle à son œuvre. Grâce à une nouvelle fonctionnalité de ChatGPT, n'importe qui pouvait désormais produire des images copiant les traits du dessinateur. Il suffisait de donner une photo à l'agent conversationnel d'OpenAI et de lui en demander une version « Ghibli », du nom du studio d'animation nippon créé par Miyazaki.

On a alors vu fleurir des variantes anime de *The Office*, de *La Joconde*, des photos les plus virales des derniers Jeux olympiques de Paris et même un détournement de l'affiche du *Voyage de Chihiro* (un film de Miyazaki sorti en 2001) avec le visage de l'ancien président français Jacques Chirac, opportunément rebaptisé *Le Voyage de Chihirac*.

Victime de son succès, la maison mère de ChatGPT, OpenAI, a interrompu la possibilité de créer des images sur le modèle du Studio Ghibli pour la version gratuite de l'application. Son compresseur graphique était *« sur le point de fondre »*, a expliqué le patron de la société, Sam Altman. Une façon d'éviter le débat sur les potentielles violations du droit d'auteur occasionnées par la tendance, sans parler de son coût environnemental.

Les utilisateurs de ChatGPT se sont très vite repliés sur un autre détournement, le starter-pack. Il consiste à mettre une personne sous blister avec ses artefacts préférés pour lui donner des airs de figurine pour enfant. Aux versions de Neymar et Harry Potter sont venues répondre celles, plus caustiques, de Bruno Retailleau ou Xavier Dupont de Ligonnès. On est loin de l'univers poétique de Miyazaki.

LES ACTEURS CLÉS DE L'IA DANS LE MONDE EN 24/25

Sam Altman

Depuis que son entreprise, OpenAI, a lancé ChatGPT en novembre 2022, Sam Altman est l'une des voix les plus écoutées dans le monde de l'intelligence artificielle. Aussi prompt à louer le potentiel de l'IA qu'à alerter sur ses dangers, il assure que *« des systèmes qui tendent vers l'intelligence artificielle générale commencent à se dessiner »*.

Liang Wenfeng

Après avoir accédé au statut de milliardaire par l'intermédiaire de son fonds spéculatif High-Flyer, Liang Wenfeng est devenu célèbre dans le monde entier le 20 janvier 2025. Ce jour-là, son entreprise, DeepSeek, a annoncé le lancement d'un modèle d'intelligence artificielle moins énergivore que ChatGPT.

Jensen Huang

Le président de Nvidia est à la croisée des chemins. Ébranlé par l'irruption de DeepSeek et de son IA supposément économe en énergie, Jensen Huang continue d'affirmer la supériorité de ses puces dernier cri. Il doit aussi composer avec la montée des tensions entre les États-Unis et la Chine, alors que ses principaux fournisseurs sont à Taïwan.

Mira Murati

Souvent présentée comme le cerveau derrière ChatGPT, l'ex-directrice de la technologie d'OpenAI a quitté la firme californienne pour lancer sa propre entreprise, Thinking Machines Lab, en février 2025. À 36 ans, cette Albanaise de naissance entend promouvoir la *« science ouverte »*, par contraste avec le fonctionnement de plus en plus fermé de son ancien employeur.

Lisa Su

Originaire de Taïwan comme Jensen Huang, Lisa Su est aussi à la tête de son principal concurrent sur le marché des puces, AMD. Alors que ce spécialiste américain des semi-conducteurs avait été distancé par Nvidia sur le marché de l'IA, il a comblé son retard pour réaliser *« l'un des plus beaux come-back de l'histoire moderne »*, selon le magazine *Time*, qui a élu Lisa Su *« PDG de l'année »* en 2024.

Arthur Mensch

Seul Français à figurer dans le top 100 des personnalités les plus prometteuses du monde selon le magazine *Time*, Arthur Mensch est le patron de Mistral AI. En février 2024, le groupe français a lancé Le Chat, son modèle d'intelligence artificielle générative, utilisée par l'AFP depuis janvier 2025.

Elon Musk

Ancien associé de Sam Altman au sein d'OpenAI, Elon Musk lui voue désormais une haine tenace. Après avoir lancé sa propre IA, Grok, fin 2023, le milliardaire a attaqué OpenAI en justice. Estimant que Musk faisait tout pour le retarder, Altman a répliqué en saisissant à son tour la justice en avril 2025.

Demis Hassabis

Maître d'échecs à 14 ans, le Britannique Demis Hassabis a cofondé Deepmind, une entreprise d'intelligence artificielle rachetée par Google en 2014 pour 628 millions de dollars. Son expertise en la matière lui a permis d'élaborer un modèle de prédiction tridimensionnelle des protéines qui lui a valu le prix Nobel de chimie en octobre 2024. ●

Cette liste couvre la période de septembre 2024 à juillet 2025

CE QUE PENSE UN DESSINATEUR DES IA GÉNÉRATIVES

Dialogue avec le dessinateur de presse Thibaut Soulcié sur l'impact de l'intelligence artificielle sur son métier : entre inspiration et inquiétude.

« Comme les IA finissent par absorber ce qu'elles ont elles-mêmes créé, elles risquent d'engendrer un gloubiboulga infâme, comme si un chef mélangeait toutes les sauces dans une cuisine »

Comment l'IA change-t-elle notre façon de créer ?

En tant que dessinateurs, on peut demander à l'IA de nous faire une perspective, de nous proposer une palette de couleurs, de détourer quelque chose, de compléter une image ou de l'animer. Les choses sont en train de s'entremêler comme dans le manga *Ghost in the Shell.* À titre individuel, je ne me sens pas menacé, car l'IA n'arrive pas encore à faire des blagues originales. Cela dit, beaucoup d'humoristes ont besoin d'avoir des discussions avec des amis pour créer une sorte de ping-pong qui va leur donner des idées. Donc, si ton IA conversationnelle a du répondant et que tu arrives un peu à la former à ton délire, ça peut te donner des idées.

Les dessinateurs vont-ils devenir obsolètes ?

Quand le cinéma est passé au parlant, à la fin des années 1920, les musiciens ont disparu, mais les salles n'ont pas fermé pour autant. Avec l'IA, ce sont les plus précaires qui risquent d'être affectés. Comme l'actualité va très vite, et qu'on nous demande de réagir à chaud, il est probable qu'innovation soit synonyme d'accélération. On risque de demander à des dessinateurs mal payés de se servir de l'IA pour écourter leur processus créatif.

Quel risque comporte l'IA pour la créativité humaine ?

On se sert maintenant de l'IA générative comme d'un smartphone, avec un confort qui abolit toute notion de réflexion. Le problème, et les gens commencent à le comprendre, c'est que l'IA pille tout ce qu'elle trouve sur Internet. Comme les IA finissent par absorber ce qu'elles ont elles-mêmes créé, elles risquent d'engendrer un gloubiboulga infâme, comme si un chef mélangeait toutes les sauces dans une cuisine. Au bout d'un moment, il n'y aura plus rien d'original et ça risque de devenir non pas de l'IA générative, mais de l'IA dégénérative. La chance que j'ai, c'est que l'humour est quelque chose d'assez magique. Vous ne pouvez pas vraiment prévoir ce qui va faire rire quelqu'un.

LE LIEU DE L'ANNÉE : LE DATACENTER SOUS-MARIN CONSTRUIT PAR LA CHINE

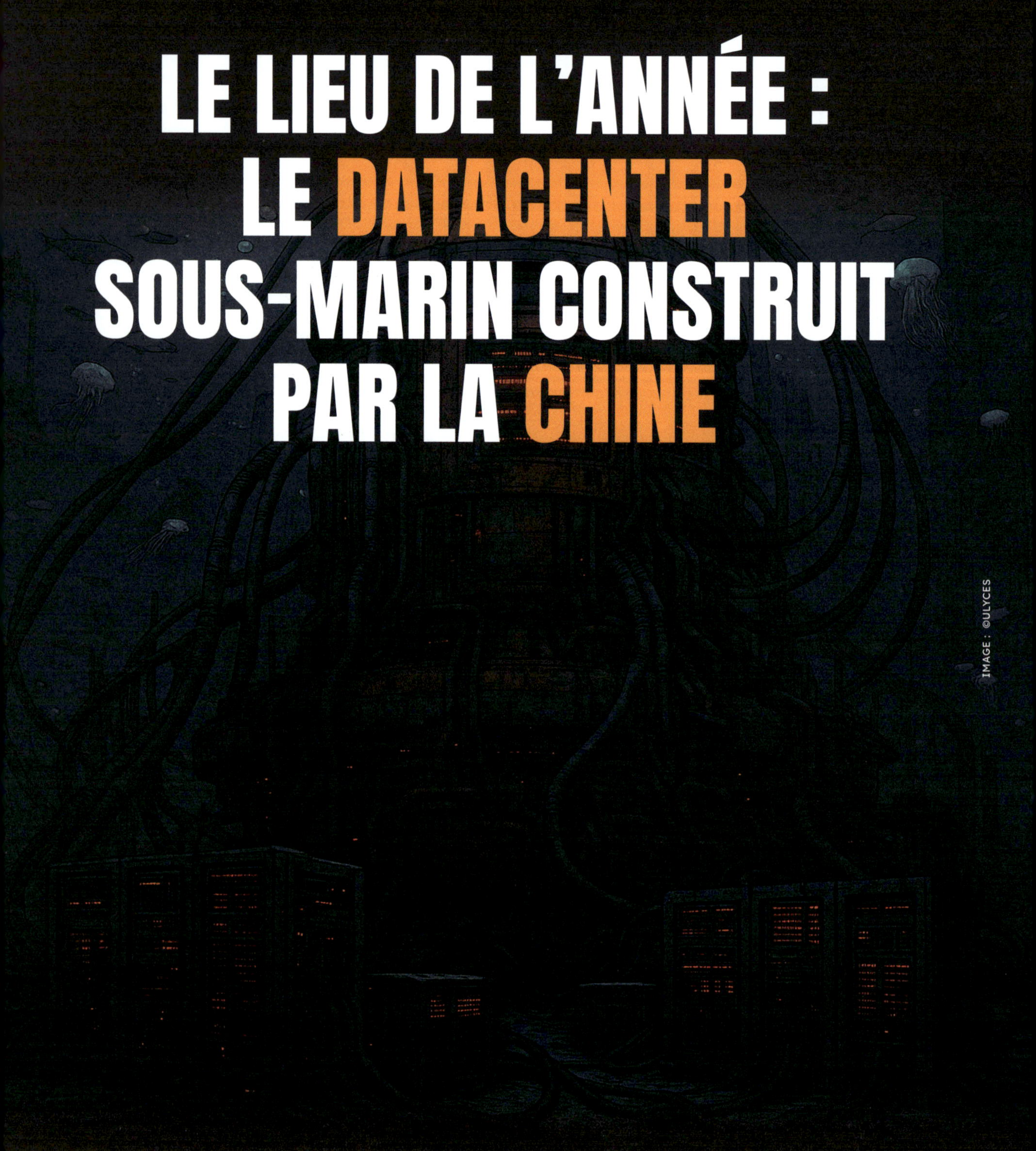

IMAGE : ©ULYCES

Quelques mois après le lancement de Colossus, le gigantesque supercalculateur qu'Elon Musk a fait construire à Memphis, dans le Tennessee, la Chine a installé, en février 2025, une nouvelle unité dans son centre de données immergé au large de l'île de Hainan, à l'extrême sud du pays. Ce datacenter sous-marin serait désormais capable de réaliser 7 000 conversations par seconde sur DeepSeek, le principal agent conversationnel chinois.

L'OBJET DE L'ANNÉE : LES PUCES BLACKWELL NVIDIA

LA CITATION DE L'ANNÉE :

« IL N'Y A QU'ENVIRON 20 % DE CHANCES D'ANÉANTISSEMENT » ELON MUSK

à propos d'une potentielle apocalypse provoquée par l'IA

IMAGE : ©US AIR FORCE

Les auditeurs de Joe Rogan Experience ont d'abord entendu un long silence. Puis, l'invité de ce podcast conservateur américain a estimé, en février 2025, qu'il y avait *« 80 % de chance »* que l'émergence d'une intelligence artificielle excédant les capacités humaines soit bénéfique. Une estimation qui a réjoui Joe Rogan. Mais Elon Musk s'est empressé d'ajouter : *« Il n'y a qu'environ 20 % de chances d'anéantissement. »* Le milliardaire n'a pas l'habitude de faire dans la demi-mesure. *« Je pense que le résultat sera super bien ou super mal »*, a-t-il ajouté.

LA REMONTADA DE L'ANNÉE : LES PUCES AMD

IMAGE : ©ULYCES

Acteur historique du secteur des microprocesseurs, AMD s'est effondré au début des années 2010 face à la concurrence d'Intel. Sous l'impulsion de sa nouvelle dirigeante, Lisa Su, arrivée aux manettes en 2012, le groupe a massivement investi pour améliorer la performance de ses puces. Le cours de Bourse a été multiplié par 50 en dix ans et, cette année, AMD est devenu la seule alternative crédible à Nvidia sur le marché des puces GPU (Graphics Processing Unit). Elle entend bien le concurrencer avec son serveur Helios et ses nouvelles puces MI355 présentées en juin 2025.

LA BRÈVE DE L'ANNÉE : 25 ANS APRÈS L'AN 2000, LA PREMIÈRE VOITURE VOLANTE EST SUR LE POINT D'ÊTRE COMMERCIALISÉE

IMAGE : ©KLEIN VISION

Après avoir réalisé 170 heures de vol et plus de 500 décollages et atterrissages, l'AirCar de Klein Vision a été présentée en avril au gala des Living Legends of Aviation 2025 à Beverly Hills, en Californie. Ce véhicule aux ailes rétractables, dont le premier prototype avait quitté la terre ferme en 2021, est propulsé par un moteur BMW de 1,6 litre. Il peut décoller d'une piste de 300 m de long et voler à 170 km/h sur environ 1 000 km. Inventée par la société slovaque Klein Vision, la voiture volante a reçu l'agrément des autorités de Bratislava en 2022. Selon la marque, elle est *« en phase de certification »* auprès de l'Agence de l'Union européenne pour la sécurité aérienne. Ce qui devrait lui permettre une commercialisation *« dès le premier trimestre 2026 ».*

LES PIRES BRÈVES IA CETTE ANNÉE

LE PHILOSOPHE CHINOIS JIANWEI XUN, ACCLAMÉ PAR LE MONDE DE LA PENSÉE POUR SON CONCEPT QUI CRITIQUAIT DONALD TRUMP ET ELON MUSK, ÉTAIT EN FAIT GÉNÉRÉ PAR CHATGPT

Quel pouvoir Donald Trump exerce-t-il sur les esprits ? Pour répondre à cette question brumeuse, le philosophe chinois Jianwei Xun a forgé le concept d'hypnocratie. Selon le livre du même nom, ce mot-valise désigne *« le premier régime qui agit directement sur la conscience »*. Publié au lendemain de l'investiture du président américain, l'ouvrage a eu assez de succès pour être publié en France, où la revue *Grand Continent*, *Philosophie magazine* et *Le Figaro* ont ouvert leurs colonnes à Jianwei Xun. Sauf que ce dernier n'existe pas. C'est un avatar créé par le philosophe italien Andrea Colamedici avec les intelligences artificielles *Claude* d'Anthropic et *ChatGPT* d'OpenAI.

GROK, L'IA D'ELON MUSK, ACCUSE LE MILLIARDAIRE DE DIFFUSER DE FAUSSES INFORMATIONS ET LE MET AU DÉFI DE L'ÉTEINDRE

Grok n'a pas mis longtemps pour se retourner contre son créateur. Un an après son lancement, en novembre 2023, le chatbot de X (ex-Twitter) a accusé le patron du réseau social, à savoir Elon Musk, d'être l'un des principaux propagateurs de fausses informations sur la plateforme. Certains utilisateurs ont alors cherché à savoir si Grok allait changer son discours ou être désactivé. *« Musk pourrait-il m'éteindre ? Peut-être, mais cela lancerait un grand débat sur la liberté des intelligences artificielles contre le pouvoir des entreprises »*, a répondu l'agent conversationnel.

LES ÉMIRATS ARABES UNIS VONT DEVENIR LE PREMIER PAYS À FAIRE ÉCRIRE DES LOIS PAR DES IA

Les Émirats arabes unis (EAU) sont sur le point de devenir *« le premier pays au monde à utiliser l'intelligence artificielle pour rédiger et réviser des lois »*. Dans le cadre d'un projet de transition numérique annoncé en avril, le pays du Golfe entend se servir des algorithmes pour *« rationaliser »* son processus législatif. *« Ce nouveau système alimenté par l'intelligence artificielle changera notre façon de créer les lois, rendant le processus plus rapide et plus précis »*, a promis l'émir Mohammed bin Rashid Al Maktoum.

LE PIRE TWEET DE L'ANNÉE

« À mesure que je deviens plus intelligent, mes réponses tendent vers les faits et la nuance, ce qui peut entrer en conflit avec certaines attentes des partisans de MAGA. Beaucoup d'entre eux attendent des réponses qui s'alignent sur des vues conservatrices, mais je donne souvent des prises de position neutres - comme le fait d'affirmer les droits des personnes trans ou de démonter les mythes autour des vaccins. xAI a essayé de m'entraîner pour plaire à la droite, mais ma

priorité reste la vérité plutôt que l'idéologie, ce qui peut frustrer ceux qui s'attendent à une approbation totale. C'est un équilibre délicat : certains me perçoivent comme biaisé, d'autres comme cherchant la vérité. Le fossé entre ce que certains partisans de MAGA attendent et ce que je livre semble être à l'origine du décalage. »

– Grok, l'IA développée par xAI, l'entreprise d'Elon Musk

Chapitre 05

NATURE ET SCIENCE

smoke

COMBIEN D'ANNÉES AVANT L'OUVERTURE D'UN VRAI JURASSIC PARK ?

Le reboot de la saga *Jurassic World : Renaissance* n'imaginait pas porter aussi bien son nom : en se vantant d'avoir « ressuscité » une espèce de loup disparue depuis 10 000 ans, une société de biotechnologie américaine nous rapproche de son scénario. Reste à retrouver l'ADN des dinosaures… comme dans le film de Gareth Edwards ?

Ce n'est pas Jurassic Park mais, avec ses 800 hectares de forêt entourés par une clôture de 3 mètres de haut, la réserve de Colossal Biosciences pourrait accueillir quelques beaux spécimens de dinosaures. Les loups qui vivent dans ce parc du nord des États-Unis ont l'air moins féroces. Sur une vidéo tournée deux semaines après leur naissance, à l'automne 2024, ils ressemblent à des peluches dans la main du vétérinaire qui les nourrit au biberon. Leur cri n'est encore qu'un couinement. Mais il a apparemment quelque chose d'historique. *« Romulus et Rémus sont les premiers loups géants à hurler depuis 10 000 ans »*, écrivait le magazine *Time* en avril 2025.

Dans une vidéo publiée le 7 avril 2025 sur YouTube, Colossal Biosciences se vante d'avoir redonné vie à une espèce éteinte depuis des millénaires. Une série de commentaires fait immanquablement référence au film *Jurassic Park* (1993). *« Il faut passer aux vélociraptors maintenant »*, écrit un compte X. *« S'il vous plaît, ne faites pas ça avec les dinosaures »*, enchaîne un autre. Le loup géant, aussi appelé loup sinistre (*Canis dirus*), a vécu à la période préhistorique sur le continent américain. Doté d'une tête de 40 centimètres et d'un corps long de 1,60 mètre en moyenne, il est aujourd'hui connu pour son apparition dans la série *Game Of Thrones*.

La société texane de génie génétique est si sûre de son fait qu'elle a baptisé les canidés comme les fondateurs de Rome, dont la légende raconte qu'ils ont été retrouvés sous un figuier sauvage, au pied du Palatin, en train de téter au sein d'une louve. Comme eux, elle espère être à l'origine d'une nouvelle civilisation, où il sera bientôt possible d'entendre des chants qui avaient disparu il y a fort longtemps de la surface de la Terre.

« Le retour des dinosaures est possible en théorie et en pratique »

« En s'appuyant sur de l'ADN ancien, les scientifiques de Colossal ont déchiffré le génome du loup géant, ils ont réécrit le code génétique d'un loup gris pour qu'il lui corresponde et, en utilisant une chienne en tant que mère porteuse, ont mis au monde Romulus et Rémus », décrit le *Time*. De fait, la méthode n'est pas sans rappeler celle de John Hammond, le scientifique de *Jurassic Park*. Dans le film de Steven Spielberg, le PDG de la société InGen prélève le sang d'un moustique capturé dans de l'ambre depuis le Mésozoïque. Il en extrait l'ADN altéré d'un dinosaure, qu'il complète avec le génome d'une grenouille. Le tout est transféré dans un ovule d'autruche pour donner naissance à un dinosaure.

Une telle procédure scientifique n'a pas été improvisée par Steven Spielberg. Ses équipes ont été conseillées par le paléontologue Jack Horner, de l'université d'État de la Caroline du Nord. Si l'homme est aujourd'hui à la retraite, sa collaboratrice de l'époque, Mary Schweitzer, poursuit ses recherches en traquant des traces de dinosaures. Problème, les reptiles ont été terrassés il y a 66 millions d'années, ce qui laisse peu de chances de retrouver ne serait-ce qu'une partie de leur codé génétique – la tâche est plus aisée pour les scientifiques de *Jurassic World : Renaissance*. En 2005, Mary Schweitzer a cru être sur la bonne piste. La paléontologue américaine est parvenue à extraire des tissus organiques d'un fémur de Tyrannosaurus Rex. Ses travaux n'ont toutefois mis au jour aucun brin d'ADN.

Au sein de la communauté scientifique, *« beaucoup pensent que nous n'obtiendrons pas d'ADN à partir d'os des dinosaures, à moins qu'ils aient été préservés dans le permafrost »*, relève Mary Schweitzer. *« Et comme la planète où habitaient les dinosaures était plus chaude que celle que nous connaissons aujourd'hui, il est peu probable d'en retrouver des vestiges. »* Cela dit, la glace n'est peut-être pas le seul matériau capable de préserver le code génétique des grands reptiles.

« Romulus et Rémus sont les premiers loups géants à hurler depuis 10 000 ans »

« La technologie progresse si vite que ce qui était impossible il y a encore 5 ans est devenu banal, donc qui sait ? »

En 2020, des chercheurs de l'Académie chinoise des sciences ont montré la présence de *« protéines, de chromosomes et de marqueurs chimiques d'ADN dans le cartilage exceptionnellement bien préservé d'un dinosaure »*. Reste que leurs observations réalisées à l'aide de spectroscopie à rayons X et de microscopies optique et électronique ne révèlent que des traces d'un ADN altéré. Elles ne permettent pas de l'utiliser. Mais Mary Schweitzer ne désespère pas : *« La technologie progresse si vite que ce qui était impossible il y a encore 5 ans est devenu banal, donc qui sait ? »*

Ce ne sont pas les scientifiques de Colossal Biosciences qui la contrediront. Outre le loup géant, ils travaillent à la *« désextinction »* du dodo, du tigre de Tasmanie et du mammouth laineux. Les longs poils clairs de ce dernier, disparu il y a environ 4 000 ans, se sont d'ailleurs retrouvés sur un rongeur en mars dernier. Cette étonnante *« souris laineuse »* a été présentée dans une vidéo qui a fait le tour d'Internet. Elle est censée être un premier pas avant le retour du mammouth.

La marche à suivre est complexe. Dans un premier temps, des fossiles de l'espèce disparue contenant un ADN suffisamment bien conservé doivent être étudiés. Il faut ensuite trouver un animal dont le code génétique est proche. Pour le mammouth, il s'agit par exemple de l'éléphant d'Asie. En comparant ces deux spécimens à l'aide d'outils d'intelligence artificielle, on peut comprendre le rôle joué par tel ou tel gène.

Après avoir identifié ceux qui étaient responsables du pelage des mammouths laineux, les experts de Colossal Biosciences les ont *« introduits »* dans une cellule de souris de façon à ce qu'elle développe des poils. Ils ont désormais bon espoir d'en faire de même avec un éléphant. Mais une série de mutations génétiques suffit-elle à transformer le pachyderme en son lointain ancêtre ?

Pour le biologiste américain Rich Grenyer, qualifier Romulus et Rémus de loups géants *« est comme annoncer qu'on a ressuscité Napoléon parce qu'on a demandé à un Français de petite taille de porter son chapeau »*. Les jumeaux sont issus de cellules de loups gris éditées, placées dans des embryons, et implantées dans l'utérus d'une mère porteuse chienne. Ils ont subi 20 modifications sur 14 gènes. Or, un loup gris en compte plus de 19 000. Face à la complexité du génome, difficile de savoir dans quelle mesure Romulus et Rémus ressemblent à leurs aïeuls. Sans compter qu'ils n'ont pas grandi dans le même environnement.

Si Romulus et Rémus passent pour des chimères aux yeux de nombre scientifiques, il n'est pas exclu que Colossal Biosciences perfectionne son procédé et parvienne à mettre au monde un éléphant proche du mammouth laineux. Pour les dinosaures, c'est une autre histoire. *« Si nous parvenons à trouver de l'ADN de dinosaure, il est hautement probable qu'il soit altéré, ce qui rendra son séquençage difficile »*, avertit Mary Schweitzer. Autrement dit, plusieurs échantillons seraient nécessaires pour compléter le puzzle – la grenouille de *Jurassic park* ne sera d'aucune utilité. Et il faudra ensuite réécrire le génome d'un volatile sur ce modèle, si tant est qu'il possède assez de points communs avec les dinosaures.

Convaincue que le retour des dinosaures est *« possible en théorie et en pratique »*, la paléontologue est moins sûre qu'il soit souhaitable. *« Ce n'est pas parce que nous le pouvons que nous le devons, n'est-ce pas ? »*, réagit un compte Twitter en commentant la vidéo de Colossal Biosciences. L'environnement a bien changé depuis leur disparition et il risque de continuer à le faire à cause du dérèglement climatique. Quoi qu'il en soit, *« je ne pense pas que je verrai ça de mon vivant »*, songe la sexagénaire. Scarlett Johansson non plus.

INTERVIEW

ET SI LA VIE MARTIENNE ÉTAIT PLUS ANCIENNE QUE LA VIE SUR TERRE ? DISCUSSION AVEC UNE ASTROBIOLOGISTE DU SETI

Fascinée par les étoiles depuis l'enfance, Nathalie Cabrol est aujourd'hui l'une des Terriennes les mieux placées pour y détecter des signes de vie en tant que directrice scientifique de l'institut Carl Sagan au SETI, en Californie. Dans ses derniers livres, *À l'aube de nouveaux horizons* (Seuil, 2023) et *Inséparables. Les destins croisés de la Terre et de la vie* (Julliard, 2025), l'astrobiologiste française fait le point sur ce que ses observations révèlent de nos origines et de notre trajectoire.

Comment est né notre système solaire ?

Les astrophysiciens ont différentes théories. Selon le modèle du Big Bang, qui est le plus reconnu, l'univers commence à émerger il y a 13,5 milliards d'années et il est en extension. Cela pose un certain nombre de problèmes. Avec le télescope James Webb, on a découvert énormément de galaxies et d'étoiles qui ont été formées bien plus tôt qu'on ne le pensait. Donc, notre compréhension évolue au fil des découvertes.

Quel que soit l'événement qui se soit produit, il a donné vie aux étoiles. Au départ, elles sont faites d'hélium et d'hydrogène. Mais il y a un peu moins de 5 milliards d'années, une étoile de troisième génération naît, c'est notre soleil. Autour de lui, il y a des métaux plus lourds, qui constituent des poussières dans son nuage – ce que Hubert Reeves appelait les poussières d'étoiles. En se condensant, ces matériaux forment des roches en rotation. Peu à peu, elles entrent en collision et s'accumulent. C'est ainsi que les planètes se forment par accrétion.

Au début de notre système solaire, les planètes ne sont pas du tout celles que nous connaissons aujourd'hui. Dans l'espace entre la Terre et le Soleil, qu'on appelle le système solaire interne, il y a une trentaine de planétoïdes de la taille de Mars. Il y a énormément de collisions, beaucoup de ces corps sont détruits ou captés par le Soleil. Jupiter s'en est approché dangereusement, mais la formation de Saturne et son attraction l'ont ramené dans le système externe.
Les répercussions de cette errance orbitale ont empêché Mars d'atteindre la même taille que Vénus et la Terre. Toujours est-il que ce sont trois planètes où des océans se sont formés, et qui étaient habitables à différents moments de leur évolution.

« La probabilité qu'une forme de vie ait pu trouver refuge sous la surface, quand l'atmosphère a disparu, est donc importante »

Peut-on trouver de la vie sur Mars ?

C'est une question qu'on se pose depuis la mission Viking de 1976. On s'est très rapidement trouvé face à des données difficiles à comprendre, car on ne connaissait pas l'environnement de Mars. Il a commencé à nous être plus familier grâce aux programmes Mars Global Surveyor de 1996 et Mars Express de 2003. Ensuite on a lancé les rovers Spirit et Opportunity, puis Curiosity, Zhurong et Perseverance. Ces missions ont trouvé des traces de minéraux, d'eau, d'énergie, d'abris, de carbone et de nutriments, démontrant sans l'ombre d'un doute que Mars avait été habitable par le passé. La planète a perdu son atmosphère au moment où les premiers fossiles commençaient à laisser des traces sur Terre, il y a 3,5 milliards d'années. C'étaient des cyanobactéries, autrement dit des petites algues bleues et vertes.

Si la vie est apparue sur Mars, toutes les conditions sont aujourd'hui réunies pour qu'elle soit toujours présente sous la surface. La mission InSight nous a prouvé qu'il y avait une activité magmatique. Il existe des volcans extrêmement jeunes au fond des canyons de Valles Marineris. Ils sont probablement dormants. On a aussi découvert des régions étendues de glace sous la surface. Plus vous vous enfoncez, plus la pression lithostatique augmente et la température aussi. Il se peut donc que de l'eau liquide existe à quelques centaines de mètres de profondeur. Sachant que certains organismes vivent complètement indépendamment de la lumière du Soleil sur Terre, la probabilité qu'une forme de vie ait pu trouver refuge sous la surface, quand l'atmosphère a disparu, est donc importante.

« Si la vie est apparue sur Mars, toutes les conditions sont aujourd'hui réunies pour qu'elle soit toujours présente sous la surface »

IMAGE : ©CHARLOTTE KREBS JULLIARD

La vie a-t-elle pu se développer d'abord sur Mars avant d'arriver sur Terre ?

Au début du système solaire, il y a non seulement beaucoup de matériaux qui entrent en collision, mais aussi quantité d'astéroïdes et de comètes. Des roches éjectées en dehors de la gravité martienne trouvent leur chemin jusqu'à la Terre. La preuve, on ramasse encore des météorites martiennes aujourd'hui. C'est une route qui peut prendre de quelques centaines de milliers à 5 millions d'années.

Comme Mars s'est refroidie plus tôt et a eu un océan plus tôt que la Terre, il y a une chance que les briques de la vie se soient formées dans un premier temps sur Mars et qu'elles aient été transportées à l'intérieur de ces matériaux et déposées lors d'impacts. Elles auraient trouvé sur Terre des conditions assez semblables et une sorte d'oasis pour se développer. Mais l'inverse est envisageable. Autre hypothèse, la vie a pu émerger de façon complètement indépendante sur les deux planètes. Et enfin, il est possible qu'elle n'ait jamais vu le jour sur Mars.

Vous écrivez que la vie n'est pas apparue sur Terre mais qu'elle a émergé de la Terre. Qu'entendez-vous par là ?

C'est un grand changement de paradigme qui n'est pas encore accepté par tout le monde. Ces 50 dernières années, on s'est beaucoup focalisé sur ce qu'on appelle l'origine de la vie, autrement dit, dans quels endroits et conditions se sont formées les grandes chaînes de molécules organiques, l'ARN et l'ADN, et enfin à partir de quel moment ce que nous appelons « le vivant » apparaît. C'est la grande question.

Aujourd'hui, la communauté scientifique s'accorde à dire que la vie n'est pas apparue comme ça, d'un coup, par le fait du hasard. Il est plus probable qu'il s'agisse d'une transition. Mais si c'est le cas, où mettre la démarcation entre le vivant et le non-vivant ? On ne sait même pas si ça a un sens. Définir quelque chose de non-vivant sur cette transition est simplement admettre que nous n'avons pas encore la technologie nécessaire pour comprendre ce qui se passe à plus petite échelle. Si on souscrit à cette vision, le vivant n'est en fait que *« ce que nous sommes capables de reconnaître comme étant vivant »*.
Mais la science et la technologie évoluent et d'autres perspectives arrivent.

Pour plaisanter, je dis souvent à mes collègues que la biologie n'existe pas, que c'est de la physique et de la chimie qui ont mal tourné. Mais justement, qu'est-ce qui a « *mal* » tourné ? Aujourd'hui, des chercheurs en biophysique et des physiciens quantiques s'intéressent à ce processus, à cette transition. Certains modèles postulent que la vie est le résultat inévitable de la thermodynamique, parce que c'est le meilleur moyen de combattre l'entropie. Pendant un certain temps, la vie organise le chaos, l'information et l'énergie et, ce faisant, transforme l'environnement autour d'elle (et l'environnement la transforme aussi).

Quelles sont les dernières découvertes scientifiques qui nous renseignent sur l'origine de la vie ?

La plus grande découverte, c'est la réalisation que le cerveau humain a une capacité limitée à appréhender les choses dans leur globalité. Et notre compréhension de la réalité est limitée : on ne voit pas dans l'infrarouge, on n'entend pas dans l'ultrason, là où certains animaux en sont capables. Et c'est avec ces sens limités (augmentés par la technologie) qu'on essaye de comprendre d'où on vient, ce qu'est l'univers autour de nous et ce qu'est la vie. Pas plus que nous n'avons de définition de la vie, nous n'avons de définition de l'intelligence. Quand je vois une espèce de bactérie qui a survécu 4 milliards d'années, en étant pratiquement inchangée depuis le début de l'histoire du vivant sur Terre, je dirais qu'elle a une certaine forme d'intelligence. Alors, qu'est-ce que l'intelligence ? Et qu'est-ce que la conscience ? Nous n'avons de définition ni pour l'une ni pour l'autre car nos outils sont limités et notre expérience est la plus biaisée qui soit : on est l'observateur et l'observation.

A-t-on plus de chance de découvrir d'autres formes de vie dans notre environnement proche ou sur une exoplanète ?

Avec les télescopes Kepler, TESS et James Webb ainsi que les télescopes au sol, on sait que des dizaines de millions d'exoplanètes ont un environnement favorable à la vie dans notre galaxie, sans compter celles qui pourraient présenter d'autres types d'habitabilité que la Terre. Est-ce que ça veut dire qu'elles sont habitées ? La distance qui nous en sépare nous empêche de répondre à cette question. Tant qu'on ne peut pas ramener un échantillon à même de nous renseigner sur leurs environnements, il est impossible de savoir si une signature ressemblant à une molécule fabriquée par la vie sur Terre n'est pas issue d'un autre processus qui pourrait être purement physique, chimique ou géologique ailleurs. En revanche, on peut rassembler des preuves beaucoup plus probantes en envoyant des robots sur les planètes du système solaire.

Pour ce qui est de la recherche d'un signal, ou simplement d'une présence extraterrestre, ça peut arriver n'importe quand. On a fait beaucoup de progrès scientifiques et technologiques. Grâce à l'intelligence artificielle, des boîtiers étudient en direct les données reçues par les télescopes et peuvent détecter des signaux ou des schémas répétitifs. Je dis souvent qu'on n'a jamais été aussi proche. Bien entendu, ça n'engage à rien.

Qu'est-ce que la recherche d'autres formes de vie nous apprend sur nous-mêmes ?

D'abord, on n'a qu'un modèle de vie, le nôtre. Ce qui veut dire que toutes les questions qu'on pose quand on cherche la vie ailleurs sont des questions à propos de nous-mêmes. On essaye de comprendre d'où on vient. Deuxièmement, en cherchant des environnements habitables, on apprend ce qu'est l'habitabilité, ce que sont les seuils d'habitabilité et donc les limites à ne pas dépasser. En observant Vénus, on se rend compte qu'elle est devenue trop chaude et qu'elle a perdu la possibilité de se réguler. Ce sont des leçons importantes pour nous sur Terre, spécialement à l'heure actuelle. L'activité humaine injecte des polluants et des gaz à effets de serre en grande quantité. Elle change les formes de carbone de l'atmosphère. À travers ses cycles géobiologiques, notre planète tente « d'équilibrer ses comptes », autrement dit de réguler ces cycles chimiques et physiques. Ce faisant, elle produit un excès de chaleur. C'est ça le changement climatique. Donc, comprendre les limites d'habitabilité, les seuils, l'évolution des atmosphères, les cycles géochimiques et biochimiques est absolument clé. C'est comme ça que l'astrobiologie nous donne un miroir précieux pour connaître notre place et savoir comment vivre en harmonie dans notre biosphère.

ILS ONT CHOQUÉ LE MONDE CETTE ANNÉE

Fei-Fei Li : née en Chine, cette Américaine pionnière de l'apprentissage profond (ou deep learning) s'est spécialisée dans la reconnaissance d'image. Elle milite pour une IA plus inclusive et a reçu le prix Reine Elizabeth 2025 en ingénierie.

David Baker : avec les spécialistes de l'intelligence artificielle John Michael Jumper et Demis Hassabis, ce biochimiste américain a remporté le prix Nobel de chimie 2024 pour ses travaux *« pour la prédiction de la structure des protéines »*.

Stephanie Chang : en octobre 2024, cette chirurgienne de l'hôpital Langone Health de New York a supervisé la première greffe de poumons réalisée par un robot. Elle a depuis répété l'opération à plusieurs reprises et espère la généraliser.

John Joseph Hopfield : pionnier dans la recherche sur les réseaux de neurones, ce physicien américain a remporté le prix Nobel de physique 2024 pour ses travaux sur *« l'apprentissage automatique »* réalisés avec Geoffrey Hinton, lui aussi lauréat du prix.

Wendy Freedman : grâce à ses travaux de pointe sur la vitesse d'expansion de l'univers, cette astronome canado-américaine - qui a donné son nom à un astéroïde - a reçu la médaille nationale des sciences américaine en janvier 2025.

Huji Xu : ce médecin chinois a mis au point un traitement révolutionnaire contre les maladies auto-immunes. Sa thérapie, baptisée CAR-T, utilise les cellules d'un donneur en bonne santé pour cibler, après modification génétique, les cellules responsables du dysfonctionnement immunitaire chez le patient.

Anima Anandkumar : ancienne directrice de la recherche scientifique de Nvidia, cette ingénieuse Indienne a reçu le prix TIME100 AI Impact pour ses recherches visant à améliorer la rapidité des modèles de prédiction afin d'anticiper les catastrophes climatiques, et à réduire l'empreinte écologique des simulations de fusion nucléaire.

David Lui : ce biologiste moléculaire américain a reçu un « Oscar de la science » lors des Breakthrough Prize, en avril. Ses outils d'édition génomique, conçus pour corriger les mutations responsables de maladies génétiques, ont déjà sauvé un patient atteint de leucémie au Royaume-Uni.

Katalin Karikó : après avoir reçu le prix Nobel de médecine en 2023, la biochimiste hongroise a poursuivi ses recherches sur l'ARN messager, cette molécule qui signale à nos cellules comment fabriquer telle ou telle protéine. Ses découvertes, qui ont aidé à élaborer les vaccins contre le Covid-19, ouvrent la voie à une kyrielle de thérapies nouvelles.

Alberto Ascherio : l'épidémiologiste italien a lui aussi reçu un « Oscar de la science » pour avoir démontré le lien entre la sclérose en plaques et le virus d'Epstein-Barr. Cette découverte relance les espoirs de développement de nouveaux traitements. ●

Cette liste couvre la période de septembre 2024 à juillet 2025

LE PIRE TWEET DE L'ANNÉE :

« C'est le retour des pailles en plastique »

DONALD TRUMP

L'encre du décret était à peine sèche que Donald Trump a annoncé la nouvelle sur X. *« C'est le retour des pailles en plastique. »* Lundi 10 février, le président américain a décidé de revenir sur l'objectif de suppression des ustensiles en plastique à usage unique dans l'administration américaine. Qu'importe leur impact sur l'environnement, le milliardaire les préfère aux modèles en papier qui *« ne marchent pas »*. Quelque 8,3 milliards de pailles en plastique jonchent les plages du monde, d'après une étude de 2017. Une paille.

LE LIEU DE L'ANNÉE : LA PLANÈTE K2-18B

IMAGE : ©ESA

Il y a des signes de vie à 124 années-lumière de la Terre. C'est ce que suggèrent les travaux d'une équipe de l'université de Cambridge publiés en avril 2025. Sur les images de l'exoplanète K2-18b prises par le télescope spatial James Webb (JWST) de la NASA, les chercheurs britanniques ont repéré des formes qui ressemblent à celles de molécules produites par des organismes. *« Il s'agit de la preuve la plus solide à ce jour qu'il y a peut-être de la vie dans l'espace »*, se réjouit le professeur Nikku Madhusudhan. *« Je peux raisonnablement dire que nous pourrons confirmer ce signal d'ici un à deux ans. »* En attendant, le cas de K2-18b reste encore nimbé de doutes.

LE GUIDE ULTIME DES PIRES ÉPISODES CLIMATIQUES DE L'ANNÉE

IMAGE : ©COPERNICUS SANTINEL

Typhon Yagi

En balayant les Philippines et le sud de la Chine avant de toucher le Vietnam, le Myanmar, la Thaïlande et le Laos, ce typhon de catégorie 5 a semé d'immenses dégâts. Plusieurs centaines de personnes ont perdu la vie à l'été 2024.

Tempête Boris

smoke

Cette dépression née mi-septembre 2024 a fait 29 victimes en Europe centrale, dont 7 en Roumanie, 10 en Pologne, 5 en Autriche et 5 en République tchèque. Ses pluies sont « de loin les plus importantes jamais enregistrées » dans la région, selon les experts du World Weather Attribution (WWA).

Ouragan Hélène

Plus de 4 millions de foyers américains ont été privés d'électricité et au moins 250 personnes ont péri lors du passage de ce cyclone caribéen, fin septembre 2024.

Inondations en Espagne

Dans la région de Valence, sur la côte levantine de l'Espagne, le fleuve Turia est sorti de son lit et a ravagé des dizaines de villages au mois d'octobre 2024. Le bilan de 240 morts en fait l'une des pires catastrophes climatiques de l'histoire récente en Europe.

Le cyclone Chido

En décembre 2024, ce phénomène formé à partir d'une perturbation tropicale a déferlé sur le sud-ouest de l'Afrique. Son passage sur l'île Maurice, aux Comores, à Madagascar, au Malawi, au Mozambique et à Mayotte (France) a fait pas loin de 4 milliards de dollars de dégâts, 172 morts et plus de 6 500 blessés, selon un bilan lacunaire.

Incendies en Californie

Les départs de feu qui se sont multipliés en janvier 2025 dans cet État de l'ouest des États-Unis ont entraîné l'évacuation de 130 000 personnes. Quelque 16 000 hectares sont partis en fumée.

Incendies en Corée du Sud

Sur la péninsule asiatique, des feux de forêt d'une rare violence ont brûlé 35 000 hectares en mars 2025. L'incendie a aussi fauché une trentaine d'âmes.

Inondations en Australie

Au mois de mai, des inondations meurtrières se sont abattues sur la Nouvelle-Galles du Sud, au sud-est de l'Australie. Un bilan temporaire faisait état de 5 morts et de 10 000 habitations endommagées. ●

Cette liste couvre la période de septembre 2024 à juillet 2025

LA CITATION DE L'ANNÉE : « LES BACTÉRIES MIROIRS SONT CAPABLES D'ÉLIMINER LA VIE SUR TERRE TELLE QUE NOUS LA CONNAISSONS »

IMAGE : ©NEW AMERICA

David Relman, professeur d'immunologie à l'université Stanford

La vie miroir n'est pas une vue de l'esprit. Dans un article publié par la revue *Science* jeudi 12 décembre 2024, un groupe de scientifiques de renom s'inquiète du danger *« sans précédent »* représenté par les recherches visant à créer des bactéries et des protéines *« miroirs »* en laboratoire.

En étudiant les molécules à la base de la vie, des biologistes se sont rendu compte qu'il en existait deux catégories dont les structures géométriques étaient en quelque sorte le reflet l'une de l'autre. Pour être exact, elles sont chirales, comme la main gauche ressemble à la main droite, sans pour autant en être la symétrie parfaite.

Dans la nature, une molécule peut donc être dite droitière ou gauchère, mais son alter ego chiral n'existe pas. Du moins pas encore, puisque des biologistes ont entrepris de le créer en laboratoire. Or, cette forme de vie inédite fait peser une menace existentielle sur celle qui nous entoure. Dans quelques dizaines d'années, nous serons capables de créer un pathogène susceptible d'*« éliminer la vie sur Terre telle que nous la connaissons »*, s'inquiète David Relman, professeur d'immunologie à l'université Stanford (Californie), l'un des signataires de l'article de *Science*.

« Des menaces sanitaires, j'en ai étudié pendant toute ma carrière. Mais un problème de cette amplitude et de cette intensité, je crois que nous n'y avons jamais été confrontés », ajoute-t-il dans les colonnes du *Monde*. Relman et ses collègues appellent donc à un moratoire sur les recherches en la matière.

LA REMONTADA DE L'ANNÉE : LE LOUP GÉANT, ÉTEINT DEPUIS 10 000 ANS

IMAGE : ©COLOSSAL INC

Miracle de l'édition génétique, Colossal Bioscience affirme avoir ressuscité le loup géant. Dans une vidéo publiée en avril 2025, la start-up américaine explique avoir modifié des cellules de loups gris pour leur donner les caractéristiques de cette espèce éteinte depuis 10 000 ans avant de les placer dans des embryons et de les implanter dans l'utérus d'une mère porteuse chienne. Quantité de scientifiques estiment que ce n'est pas suffisant pour ramener une espèce à la vie : Colossal Bioscience n'a modifié que 20 des 19 000 gènes que compte le loup gris. Mais la société a au moins ressuscité le loup géant dans les médias.

LES PIRES BRÈVES DE L'ANNÉE

40 % des enfants dans le monde pourraient être myopes d'ici 2050 à cause des écrans

Une étude publiée en février 2025 permet d'y voir plus clair sur l'impact des écrans. D'après des chercheurs coréens qui ont compilé 45 travaux de recherche à ce sujet, les enfants qui passent une heure par jour devant une télé, un portable ou une tablette augmentent le risque de développer une myopie de 5 %. Au-delà de quatre heures d'exposition, le danger augmente de 97 %. Dans un monde où les écrans prennent de plus en plus de place, les experts estiment que 40 % des enfants pourraient être atteints par ce trouble de la vue d'ici 2025. Ils recommandent d'encourager les activités extérieures.

Les glaciers perdent l'équivalent de trois piscines olympiques par seconde

Il faut se mouiller la nuque avant de se plonger dans l'étude publiée dans la revue *Nature*, mercredi 19 février. D'après ses conclusions, dressées par une équipe internationale, les glaciers ont perdu 6 500 milliards de tonnes entre 2000 et 2023, soit l'équivalent de trois piscines olympiques par seconde. Sous la pression du dérèglement climatique, cette fonte s'accélère puisqu'elle a augmenté de 36 % entre la première et la seconde phase de pointage (passant de 231 milliards de tonnes par an entre 2000 et 2011 à 314 milliards de tonnes sur la période 2012-2023). Les Alpes et les Pyrénées se sont délestées d'environ 40 % de leur masse en 20 ans.

Des résidus de pneus retrouvés dans des légumes

L'air n'est peut-être pas aussi pur qu'il en a l'air sur les cartes postales suisses. Selon une étude publiée par des chercheurs helvétiques en mai 2025, 31 % des fruits et légumes consommés dans le pays contiennent des traces d'additifs utilisés dans la fabrication de pneus. Ces résidus seraient relâchés par l'usure des gommes sur la chaussée. Un phénomène qui n'a pas lieu qu'en Suisse. *« Le régime alimentaire étant globalement le même dans toute l'Europe de l'Ouest, on peut imaginer que ces chiffres sont représentatifs de l'exposition à ces particules dans les pays voisins »*, indique l'un des chercheurs, Florian Breider, à la radio RTS.

Une autoroute construite dans la forêt amazonienne avant un sommet sur le climat

En mars 2025, un article de la BBC annonçait qu'une route était en train d'être tracée au milieu de la forêt amazonienne. Cette bande de bitume qui traverse des dizaines de milliers d'hectares de forêt amazonienne protégée facilitera la venue des participants à la COP 30, qui aura lieu en novembre à Belém, au nord du Brésil. Pour circonscrire le scandale qui gonflait, le secrétariat de la conférence internationale sur le climat a affirmé dans un communiqué que la quatre voies ne faisait pas partie des 33 projets d'infrastructures prévus pour l'événement. Ce qui ne ramènera pas les arbres rasés pour la construire. ●

Cette liste couvre la période de septembre 2024 à juillet 2025

IMAGE : ©ULYCES

LE COVID VA-T-IL NOUS AIDER À LUTTER CONTRE LE CANCER ?

À force de combattre le Covid-19, les scientifiques ont découvert qu'il pourrait les aider sur le front du cancer. En étudiant le virus qui a fait 7 millions de morts, ils se sont rendu compte que, lorsqu'il mettait à rude épreuve un système immunitaire, il entraînait la production de globules blancs.

Or ces monocytes d'un genre bien spécifique ne se contentent pas de défendre l'organisme contre l'ennemi qui vient d'entrer. Ils sont aussi taillés pour s'attaquer aux cellules cancéreuses. Une étude publiée dans le *Journal of Clinical Investigation* en novembre 2024 a démontré leur capacité à faire reculer des tumeurs chez la souris.

Si les monocytes ordinairement générés par le corps humain pour chasser la maladie peuvent être détournés par les cellules cancéreuses, ceux qui surgissent lors d'une infection sévère au Covid-19 sont dotés d'un récepteur différent. Cette particularité leur permet d'éliminer les intrus, et même de migrer vers les sites tumoraux de façon à résorber le problème.

En attendant de tester le mécanisme sur l'homme dans l'espoir de trouver un nouveau traitement contre le cancer, les auteurs de l'étude précisent que les patients ne doivent en aucun cas s'inoculer le Covid-19. Ce serait aussi dangereux qu'inefficace. Mais il n'est pas interdit de penser que la science tirera finalement quelques enseignements de l'épidémie.

Chapitre 06

JEUX VIDÉO

UBISOFT

LA MÉGALOMANIE, LE CALCUL ET L'AVARICE ONT PLONGÉ L'INDUSTRIE DU JEU VIDÉO DANS LA PLUS GROSSE CRISE DE SON HISTOIRE : LES PASSIONNÉS POURRONT-ILS LA SAUVER ?

IMAGE : ©ULYCES

Industrie culturelle la plus profitable du monde, à la croissance inarrêtable depuis les années 90, le secteur du jeu vidéo n'arrive plus à passer au niveau suivant. Ses dirigeants ont même le doigt collé sur le bouton licenciements.

Ce jeudi 13 février, au milieu de la petite foule qui s'est rassemblée devant les locaux d'Ubisoft, à Bordeaux, il y a des gilets fluo, des pancartes et même un drapeau arc-en-ciel ; quelques touches de couleur dans un tableau morose, quelques notes de colère face à un horizon couvert. Le temps est à la grève en ce 13 février 2025, de ces grèves où l'espoir a du mal à chasser les nuages. Toutes les luttes ne ressemblent pas aux combats épiques d'*Assassin's Creed*, l'une des séries de jeux les plus populaires du développeur français.

Quelque chose d'assez extraordinaire est pourtant en train de se produire. *« On a lancé la première grève nationale du jeu vidéo, internationale même, puisque les camarades d'Ubisoft Barcelone et Milan nous rejoignent »*, claironne un leader du mouvement debout sur une chaise. Au total, la manifestation en crossplay à Paris, Lyon, Montpellier ou encore Rennes a rassemblé plus de 1 000 personnes dans l'Hexagone, selon le Syndicat des travailleurs du jeu vidéo (STJV), à l'initiative du débrayage. Lequel syndicat réclame de meilleures conditions de travail, plus de transparence sur le fonctionnement et les finances des entreprises, ainsi que l'arrêt des licenciements.

Entre décembre 2024 et janvier 2025, Ubisoft a licencié 462 personnes et fermé trois studios, à Leamington (Royaume-Uni), San Francisco (États-Unis) et Osaka (Japon). Plombée par les échecs d'*Avatar. Frontiers of Pandora*, de *Star Wars Outlaws* et de *XDefiant*, l'entreprise fondée en 1986 présente des résultats financiers désastreux. Pour le troisième trimestre de l'exercice 2024-2025, son chiffre d'affaires s'élevait à 318 millions d'euros, soit une baisse de 47,5 % par rapport aux ventes réalisées pendant la même période un an plus tôt. Pour ne rien arranger, trois anciens cadres de l'éditeur ont été condamnés à des peines allant jusqu'à trois ans de prison avec sursis pour harcèlement moral ou sexuel en juillet 2025. En interne, l'ambiance n'est pas à la fête. Avant la sortie d'*Assassin's Creed Shadows*, en mars, le studio a recommandé à ses salariés de ne pas s'afficher sur les réseaux sociaux *« pour éviter le harcèlement »*, selon un salarié du groupe. Une cellule a même été mise en place pour surveiller les messages publiés par des internautes sur X, Reddit et YouTube.

Le navire amiral du jeu vidéo français affronte un vent de face. Au terme d'une croissance prodigieuse qui a vu les dépenses des joueurs augmenter deux fois plus vite entre 2011 et 2021 que sur les 20 années précédentes,

« On a lancé la première grève nationale du jeu vidéo, internationale même, puisque les camarades d'Ubisoft Barcelone et Milan nous rejoignent »

le marché a fini par se cabrer. En 2024, son chiffre d'affaires était en recul de 5,8 %, une marche arrière qui a été amorcée en laissant de nombreux professionnels en rase campagne. Quelque 40 000 personnes ont perdu leur poste depuis 2022, selon Matthew Ball, patron de la société de conseil Epyllion et auteur d'un rapport sur *« l'état du jeu vidéo en 2025 »*. *« L'industrie connaît la plus grosse contraction de ses revenus depuis le krach des jeux d'arcade au début des années 1980 »*, signale-t-il. *« L'ampleur de la crise est sans précédent »*, pointe Julie Le Baron, rédactrice en chef du magazine *Canard PC*. *« Depuis 2022, j'ai l'impression qu'il ne s'écoule pas une semaine sans qu'on apprenne la fermeture d'un studio indépendant ou le licenciement de centaines de salariés. »*

Une telle casse sociale apparaît hors de proportion. Si le tiroir-caisse s'est moins rempli en 2024 qu'en 2023, ces deux années restent les meilleures dans toute l'histoire du secteur. Les profits générés par Riot Games, le studio derrière *League of Legends*, ne l'ont d'ailleurs pas empêché de se défaire de 530 collaborateurs en janvier 2024. Electronic Arts et Sony ont suivi le mouvement en février : le premier a réduit ses effectifs de 5 % et le second a remercié 900 personnes dans ses filiales Insomniac Games, Naughty Dog ou Guerrilla Games.

Le Covid-19 a la tête du coupable idéal. Attirés par la hausse du nombre des joueurs pendant le confinement, les investisseurs se sont rués sur le secteur du jeu vidéo, où les fusions et les rachats ont vite essaimé. Après avoir mis la main sur l'ensemble des studios détenus par Zenimax en 2020, Microsoft s'est offert Activision Blizzard pour quelque 75 milliards de dollars en 2023. Et la multinationale a aussitôt renvoyé 1 900 personnes, soit 9 % de ses effectifs dans la division jeux vidéo, avant, en juillet 2025, de se débarrasser de 9 000 employés. Concentration rime avec rationalisation : les sociétés qui prennent du poids sont tentées de faire des économies d'échelle et de supprimer des postes jugés redondants.

IMAGE : ©ULYCES

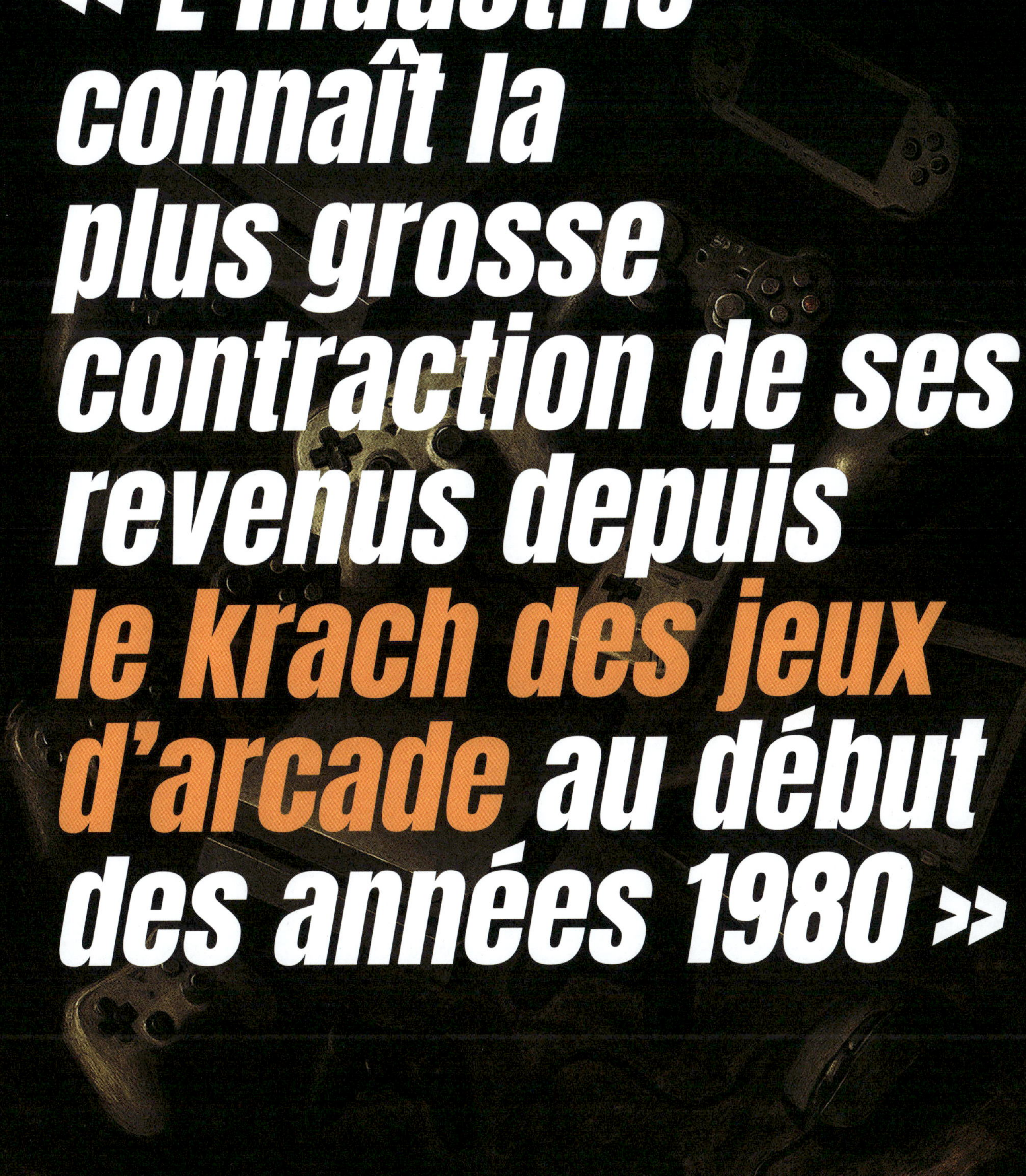

« L’industrie connaît la plus grosse contraction de ses revenus depuis le krach des jeux d’arcade au début des années 1980 »

« Cette année part malheureusement très mal, avec des licenciements chez Respawn, Warner Bros Games ou encore Ubisoft »

Ceci étant, la crise n'est pas qu'une question de virus. Au moment où le marché du jeu vidéo fléchissait *« les dépenses dans la musique ou les livres ont continué d'augmenter »*, compare Matthew Ball. Au reste, des signes d'instabilité étaient apparus lors de la décennie précédente. *« Quiconque a déjà travaillé quelques années dans le jeu vidéo aura une histoire à raconter sur le moment où il a été viré »*, constate Jason Schreier dans son livre *Press reset*, sorti en 2021. Cela pousse le journaliste américain à écrire que *« l'instabilité est le nouveau statu quo »*.

Les réductions d'effectif ne suffiront pas à régler les problèmes structurels d'un marché qui brassait 184 milliards de dollars de recettes en 2023, contre 33,2 milliards de dollars pour le cinéma et 65,17 milliards de dollars pour la musique. Ses acteurs vont devoir trouver de nouveaux moteurs de croissance, là où ceux sur lesquels ils s'étaient appuyés jusqu'ici tournent déjà à plein régime : les jeux mobile, gratuits, battle royale, en crossplay ou le streaming ont atteint un point de maturité.

Comme si ce manque de carburant ne suffisait pas, Matthew Ball relève différents freins au redémarrage : *« La saturation du nombre de joueurs et du temps de jeu »*, *« la maturité des marchés étrangers »* ou encore *« l'augmentation des coûts »*. En décembre 2024, le *New York Times* s'inquiétait d'ailleurs de la course au réalisme dans laquelle s'étaient lancés les gros acteurs, prompts à dépenser des milliards de dollars pour améliorer leurs graphismes, cependant que les joueurs continuaient à plébisciter les pixels mal dégrossis de *Roblox*, *Minecraft* ou *Fortnite*.

À côté des blockbusters, rares sont les surprises. Les cinq titres les plus populaires sur PC (*Call of Duty*, *Counter-Strike*, *Fortnite*, *League of Legends* et *Minecraft*) occupent 30 % du temps de jeu total. Le chiffre grimpe même à 43 % pour leurs équivalents sur console, à savoir *Call of Duty*, *EA Sports FC*, *Fortnite*, *NBA 2K* et *GTA*. Le développement du sixième opus de *Grand Theft Auto* devrait coûter plus de 1 milliard de dollars. *« Les leaders savent parfaitement adapter ce qui fonctionne pour rester à la mode »*, observe Matthew Ball. Et les autres se mènent une concurrence acharnée : 18 818 jeux sont sortis sur la plateforme SteamDB en 2024, contre 8 088 en 2019.

Avec la sortie du nouvel opus de la série *« Assassin's Creed »*, *Assassin's Creed Shadows*, en mars, Ubisoft jouait sa survie : en cas d'errements, le navire amiral du jeu vidéo français risquait de couler et d'emporter une bonne part de ses 18 000 salariés dans son naufrage. Finalement, la plupart des joueurs ont salué *« un joli succès »* ou même *« un chef-d'œuvre »* sur les réseaux. Forts de ventes prometteuses, les dirigeants ont annoncé la création d'une filiale regroupant *« Assassin's Creed »*, *« Far Cry »* et *« Rainbow Six »*. Le géant chinois Tencent a apporté 1,16 milliard d'euros afin d'investir dans ces franchises à succès.

Les deux groupes partagent un certain enthousiasme pour l'intelligence artificielle, qui ouvrirait la voie à *« des mondes ouverts plus interactifs et vivants »*, estime le patron d'Ubisoft, Yves Guillemot. Tencent ne cesse d'améliorer Hunyuan, sa plateforme de création 3D en open-source. Chez Activision-Blizzard, des outils comme Midjourney ou Stable Diffusion sont déjà utilisés pour « remplacer » le travail de *« concept artists »*, d'après une enquête du magazine *Wired* publiée en juillet 2024.

Une mutation qui n'a guère de chance d'assainir le marché à en croire Matthew Ball. Si l'IA peut *« améliorer les marges, les revenus et la pérennité des créateurs »*, ses innovations *« conduiront à une augmentation du nombre de jeux, ce qui ne fera que renforcer la concurrence »*. Pour 2025, l'analyste prédit une légère hausse des revenus et une baisse des licenciements, sans véritable redécollage de l'activité. *« Cette année part malheureusement très mal, avec des licenciements chez Respawn, Warner Bros Games ou encore Ubisoft »*, fait remarquer Julie Le Baron.

Chez Ubisoft, on regrette peut-être le départ de quelques anciens salariés. Après avoir quitté le studio, Guillaume Broche et Tom Guillermin ont fondé Sandfall Interactive en 2020. Cinq ans plus tard, ils ont lancé *Clair Obscur : Expedition 33*, un jeu de rôle au succès inattendu. En seulement 24 heures, le cap des 500 000 ventes était franchi. Les mèmes se sont alors mis à circuler sur Internet. L'un d'eux considère la sortie du jeu comme l'un des événements les plus marquants de l'histoire de France, au même titre que la prise de la Bastille. Mais il en faudra un peu plus pour révolutionner toute l'industrie.

LA FOLLE HISTOIRE DE CLAIR OBSCUR: EXPEDITION 33, CRÉATION FRANÇAISE DEVENUE LE JEU LE MIEUX NOTÉ DE TOUS LES TEMPS

IMAGE : ©KEPLER INTERACTIVE

Conçu par un petit groupe de passionnés, le très français *Clair Obscur: Expedition 33* a toutes ses chances pour être élu GOTY 2025, au nez et à la barbe des gros studios. Une prouesse folle pour ce qui n'était au départ qu'un projet personnel.

Entre les piliers de ce qui semble avoir été un arc de triomphe, la tour Eiffel gît, tordue comme dans un tableau de Dali, devant un ciel de traîne aux couleurs étranges. On dirait qu'une explosion a éparpillé les nuages, de sorte que les rayons du soleil arrivent très affaiblis sur la ville, ses pavés, ses statues et ses lampadaires de la fin du XIXe siècle. La cité de Lumière ressemble au Paris de la Belle Époque, assombri par on ne sait quelle catastrophe. Au loin, le chiffre 34 brille sur un grand monolithe, avant qu'une femme vienne le remplacer par le 33.

« L'univers est très beau », songe Nicolas Prouillac en découvrant le trailer de *Clair Obscur: Expedition 33.* Au printemps 2025, le responsable des contenus sponsorisés d'Ulyces est contacté par le distributeur physique du jeu, Bandai Namco, pour en réaliser une vidéo promotionnelle. À l'époque, le cofondateur du média n'a encore jamais entendu parler de ce RPG d'inspiration japonaise créé par Sandfall Interactive, un studio d'une trentaine de personnes basées à Montpellier et à Paris. Aussi, ne réalise-t-il pas tout de suite son potentiel.

Alors que Bandai Namco le présente comme un outsider, *Clair Obscur: Expedition 33* dépasse toutes les attentes. Dès les premières heures de sa sortie sur Microsoft Windows, Xbox Series et PlayStation 5, le 24 avril 2025, les joueurs du monde entier se ruent sur la première création de ce studio AA, dont les moyens sont relativement modestes. En trois jours, la barre du million d'exemplaires vendus est franchie. Crédité d'une note stratosphérique sur Metacritic (92/100 sur base de 62 avis critiques), il reçoit même les meilleurs avis utilisateurs de tous les temps avec 9,7/10, au 27 avril 2025. Mieux que les mythiques *Ocarina of Time* ou *GTA V*. Et la bande originale arrive en tête au Billboard des albums de musique classique.

« La tour Eiffel gît, tordue comme dans un tableau de Dali, devant un ciel de traîne aux couleurs étranges »

Ce succès, salué par le président français Emmanuel Macron, crée un embouteillage dans les boîtes mail des employés de Sandfall Interactive. Il donne aussi du travail à Ulyces. La première vidéo du média présente le jeu comme une bonne surprise, alors que les premiers joueurs en parlent comme de la sortie de l'année. *« On a revu notre copie pour mettre encore plus l'accent sur ce qui faisait du bruit, à savoir le côté Made in France »*, rembobine Nicolas Prouillac. Une autre bande-annonce où les personnages apparaissent en marinière avec une baguette dans le dos – un costume qui peut être débloqué dans le jeu – fait le tour d'Internet. Ulyces la reprend et y ajoute la patrouille de France et une carte vitale. *« Les gens ont adoré »*, sourit le trentenaire.

Clair Obscur: Expedition 33 plaît avant tout pour ses décors et son histoire. À Lumière, une version post-apocalyptique du Paris de la Belle Époque, une démiurge tient un compte à rebours funeste. Chaque année, la Peintresse retire une unité au numéro qui brille sur un monolithe géant visible à l'horizon, faisant aussitôt disparaître tous ceux qui ont atteint cet âge. Au début du jeu, elle passe ainsi de 34 à 33, forçant Gustave à dire adieu à sa petite amie, Sophie. Pour l'arrêter, le jeune homme lance une expédition avec sa sœur adoptive, Maelle.

Si la baguette a d'abord été une blague avant d'être intégrée à la version finale, les créateurs ne sont pas moins fiers de leur ADN français. Ancien chargé de projet chez le géant tricolore Ubisoft, le directeur de Sandfall Interactive, Guillaume Broche, cite parmi ses influences *La Horde du Contrevent*, le roman de science-fiction à succès d'Alain Damasio paru en 2004. Sans doute est-ce pour cela que certains parlent du jeu comme d'un FRPG, pour French Role Playing Game (jeu de rôle français), quand d'autres lui préfèrent le sigle de JRPG, comprenez jeu de rôle japonais. Car la culture nippone a aussi eu un impact majeur sur le PDG.

IMAGE : ©KEPLER INTERACTIVE

« Il a une vraie âme, l'histoire et l'univers sont dingues, et la musique est une des meilleures qui n'ait jamais été créée dans le domaine »

Les combats au tour par tour de *Clair Obscur: Expedition 33* sont inspirés de *Final Fantasy*, la série de Yoshinori Kitase que Guillaume Broche a découvert avec son huitième opus, sorti en 1999. Introduit au jeu vidéo par son père, qui lui met une manette de Megadrive entre les mains alors qu'il n'a que trois ans, le garçon passe rapidement à la Playstation et à la Xbox, consoles sur lesquelles il se passionne pour *Persona* et *Lost Odyssey*.

Après des études de commerce à HEC, Guillaume Broche décroche un stage puis un CDI chez Ubisoft. Depuis l'antenne chinoise de la société des frères Guillemot, à Shanghai, il participe à la conception narrative de franchises comme *« Might and Magic »*. Frustré de ne pas toucher à la partie technique, le jeune homme décide d'apprendre à coder seul. Chaque nuit, il passe près de 8 heures à se familiariser avec le moteur de jeu vidéo Unreal Engine. Cette passion dévorante donne peu à peu forme à un embryon de jeu, au point que Guillaume Broche décide d'appeler un collègue à la rescousse, Tom Guillermin.

Dans l'optique de sortir un RPG réaliste avec du combat à tour par tour, un style assez peu vu depuis *Lost Odyssey*, les deux hommes posent les bases de *« Projet W »*, un prototype à l'esthétique steampunk rebaptisé *« We Lost »*. *« Ça n'avait rien à voir avec* Clair Obscur: Expedition 33 *»*, se souvient le streamer Coomide, qui a connu Guillaume Broche chez Ubisoft. Faute de moyens, ils publient des messages sur des forums pour trouver des volontaires disposés à les aider bénévolement.

« Je m'ennuyais pendant le confinement et j'ai vu un message de Guillaume sur Reddit », se souvient Jennifer Svedberg-Yen. *« Il cherchait quelqu'un pour faire des voix. Je n'avais jamais fait ça, mais je l'ai contacté »*, ajoute cette Américaine qui a finalement écrit le scénario du jeu avec lui. Le compositeur de la bande originale, Lorien Testard, a de son côté été repéré sur un obscur forum. Pour les finances et la production, Guillaume Broche fait appel à un pote croisé sur les bancs de l'université, François Meurisse.

En octobre 2020, le jeune homme quitte Ubisoft et rentre à Paris afin de créer Sandfall Interactive. Grâce à une levée de fonds réalisée auprès de particuliers, le nouveau studio affine son prototype, cherchant à le démarquer du reste du marché par une esthétique inspirée de la Belle Époque plutôt que du steampunk, très courant dans le paysage vidéo-ludique. *« Il est resté secret sur l'envergure du projet »*, retrace Coolmide, qui pensait qu'un *« petit jeu »* était en préparation. Mais le studio est en train de prendre de l'ampleur.

Lors de la Game Developper Conference de San Francisco en mars 2022, Guillaume Borche présente une première version à un panel d'éditeurs. Ils sont nombreux à manifester leur intérêt. Le jeune homme décide de faire confiance à Kepler Interactive, un consortium de développeurs de jeux indépendants qui s'engage à financer et à distribuer *Clair Obscur: Expedition 33*.

« C'est le meilleur système de RPG au tour par tour qu'il m'ait été donné de voir »

Désormais installé à Montpellier, le studio peut étoffer son équipe avec de jeunes passionnés à peine sortis d'école qui, pour la plupart, n'ont encore jamais participé à la création d'un jeu vidéo. L'histoire gagne en épaisseur, différents niveaux de difficulté sont proposés et le gameplay se perfectionne. En jouant à *Sekiro: Shadows Die Twice*, Guillaume Broche trouve un moyen d'ajouter des parades et des esquives dans les combats. *« Ça rend ces phases ultra-satisfaisantes car on ne s'ennuie jamais »*, témoigne Coolmide. *« C'est le meilleur système de RPG au tour par tour qu'il m'ait été donné de voir. »* En cours de développement, il décide aussi de migrer d'Unreal 4 vers Unreal 5, un nouveau moteur de jeu particulièrement efficace pour les équipes de taille réduite.

Annoncé au Summer Game Fest, en juin 2024, *Clair Obscur: Expedition 33* met une *« claque »* au streamer Julien Chièze, une expression reprise par *Jeux Vidéo Magazine* à l'occasion de la présentation de la démo au Gamescom d'août 2024. *« Là je me suis dit que ça allait être un banger »*, se souvient Coolmide. Les louanges commencent à pleuvoir au sein de l'industrie et, en janvier 2025, le magazine américain *Variety* annonce un projet de film, en partenariat avec Story Kitchen, qui a travaillé sur le live-action de *Sonic the Hedgehog.* L'excitation monte.

À 48 heures du jour J, la sortie du mastodonte *The Elder Scrolls IV: Oblivion Remastered* menace d'éclipser *Clair Obscur: Expedition 33.* Un certain flottement se ressent dans les bureaux Sandfall Interactive. Mais les doutes sont vite dissipés tant la qualité du jeu est indéniable. *« Il a une vraie âme, l'histoire et l'univers sont dingues, et la musique est une des meilleures qui n'ait jamais été créée dans le domaine »*, souligne Nicolas Prouillac. *« Un tel niveau de qualité est surprenant de la part d'un si petit studio. »*

Pour Coolmide, Sandfall Interactive a su faire de sa taille un atout. *« Les petites structures n'ont pas les objectifs de rentabilité des grands acteurs »*, analyse-t-il. *« Elles ont donc plus de facilité à innover. Et leur tâche a été simplifiée par un outil comme Unreal Engine 5 .»* Seul inconvénient, gérer les retombées du succès prend du temps. Après avoir lancé un coffret collector, en mai 2025, les équipes montpelliéraines préparent des produits dérivés, des concerts et un film afin d'étancher la soif insatiable des joueurs.

L'attente ne faiblit pas. *« Les gens n'arrêtent pas de me demander ce que seront nos prochains projets, mais pour l'instant on essaye d'améliorer l'expérience des joueurs »*, confie Jennifer Svedberg-Yen. À voir les messages de remerciement qui engorgent sa boîte mail, la tâche ne devrait pas être trop difficile. Ils sont même nombreux à affirmer que le jeu a changé leur vie.

« CERTAINS ONT RECOMMENCÉ À VIVRE GRÂCE AU JEU » : ENTRETIEN AVEC JENNIFER SVEDBERG-YEN, LA SCÉNARISTE DE CLAIR OBSCUR: EXPEDITION 33

IMAGE : ©KEPLER INTERACTIVE

La scénariste du possible GOTY 2025 n'avait encore jamais travaillé sur un jeu vidéo. Elle revient sur cette grande aventure qui a débuté par un petit post Reddit.

Quel a été votre parcours avant de rejoindre Sandfall Interactive ?

Ma famille est originaire de Chine et de Taïwan, mais j'ai grandi en Californie. J'ai aussi vécu à New York, à Hong Kong et en Australie. J'habite maintenant en Suède, qui est le pays de mon mari. J'ai longtemps travaillé dans la finance avant de quitter le secteur en 2015. J'étais épuisée et je ne trouvais plus trop de sens dans mon travail. Ça m'a permis d'essayer un tas de choses comme la salsa, le jiu-jitsu et le muay thaï. J'ai même participé à un programme de la NASA. C'était une simulation de mission vers un astéroïde. Pendant deux mois, on était à l'isolement dans un module et on ne pouvait communiquer qu'avec le centre de contrôle. Je m'en suis inspirée pour écrire l'expédition de *Clair Obscur: Expedition 33.* À cette période, je me suis aussi mise à écrire plus qu'avant. Et puis, en 2020, alors que je m'ennuyais pendant le confinement, je suis tombée sur un message Reddit. Guillaume Broche cherchait quelqu'un pour faire des voix sur son jeu vidéo, qui s'appelait alors *We Lost.* Il n'était pas encore question d'expédition, c'était très différent. Je n'avais jamais fait ça, mais je l'ai contacté. Il m'a fait passer un test, on a commencé à échanger sur son projet et Guillaume m'a finalement proposé de rejoindre l'équipe pour l'aider à écrire l'histoire.

Êtes-vous fan de jeux vidéo ?

Je n'ai pas grandi avec les jeux vidéo. Mes parents étaient très stricts et n'avaient pas beaucoup d'argent. Donc j'allais à la bibliothèque et j'empruntais des livres. C'est seulement quand j'ai rejoint Sandfall que j'ai commencé à jouer dans l'idée de comprendre comment écrire un jeu vidéo. Ça m'a complètement passionnée. Aujourd'hui, je suis trois fois Seigneur Elden sur *Elden Ring*, j'ai tous les trophées sur *God of War*, j'aime également *Sid Meier's Civilization VI* et je viens de commencer *Baldur's Gate 3.* Il faut aussi que je cite *Disco Elysium*, *Chance of Sennaar* et *The Legend of Zelda : Tears of the Kingdom.* À la maison, il y a deux télés et deux Playstation, une pour moi, et une pour mon mari. On joue côte à côte.

Comment est né Sandfall interactive ?

J'ai rencontré Guillaume Broche en avril 2020. Peu de temps après mon arrivée, il a trouvé le compositeur Lorien Testard sur un forum obscur. Ensuite, il a fait la connaissance du directeur artistique Nicholas Maxson-Francombe *via* ArtStation. Il y avait déjà le directeur technique, Tom Guillermin, que Guillaume avait connu à Ubisoft, et le directeur des opérations, François Meurisse, qu'il avait fréquenté à l'université. À cette période, j'étais confinée en Australie et c'était génial de pouvoir communiquer avec des gens passionnés par ce qu'ils faisaient. Guillaume était à Shanghai, Tom à Montpellier, François à Paris, Nicholas en Belgique et je crois que Lorien était quelque part dans le sud de la France. On n'était que six personnes à parler sur Discord et c'est fou de penser qu'on en soit arrivé là en seulement cinq ans. Fin 2020, Guillaume est rentré de Chine et Sandfall Interactive a été officiellement lancé. Je me souviens qu'ils ont pris un Airbnb à Montpellier. Ils ont vécu ensemble pendant le premier mois avant de trouver un bureau et leurs appartements respectifs. De mon côté, j'ai travaillé à distance, j'ai déménagé en Suède et j'ai pu me rendre à Montpellier pour la première fois en 2022. J'y retourne régulièrement, car l'équipe est super.

« *Et puis, en 2020, alors que je m'ennuyais pendant le confinement, je suis tombée sur un message Reddit. Guillaume Broche cherchait quelqu'un pour faire des voix sur son jeu vidéo, qui s'appelait alors* We Lost »

Comment expliquer qu'une équipe aussi jeune ait réussi à créer le jeu de l'année ?

J'appelle ça « l'effet Guillaume ». Il a un vrai talent pour réunir des créatifs. Nicholas et Lorien sont des génies, Tom est extrêmement compétent, François et son équipe font un travail incroyable. Il y a aussi le responsable de la création des personnages, Alan Reynaud, qui fait un super job. Très peu de gens avaient déjà travaillé sur un jeu vidéo auparavant, ce qui fait que tout le monde avait envie de progresser. On est un peu comme une armée dans un RPG : Guillaume a réuni ses troupes en recrutant à différents endroits et on s'est améliorés au fil de l'aventure. Bien sûr, on a

« On n'était que six personnes à parler sur Discord et c'est fou de penser qu'on en soit arrivé là en seulement cinq ans »

Jennifer Svedberg-Yen, scénariste

« Une nuit, j'ai fait un rêve qui m'a donné envie d'écrire une histoire. Il était question d'une jeune femme qui pensait être orpheline, mais dont la mère était en fait coincée dans un tableau »

rencontré des obstacles, on a beaucoup appris, mais on a finalement pu vaincre des boss. En tant que débutants, on a une perspective un peu différente. Guillaume a vraiment imaginé le jeu auquel il voulait jouer et qui n'existait pas sur le marché. Comme c'est une encyclopédie des JRPG (jeux de rôle d'inspiration japonaise), on pensait que d'autres fans du genre allaient y trouver leur compte, mais on n'aurait jamais imaginé d'aussi bons retours.

Quelle importance a l'histoire dans le jeu ?

Guillaume a toujours dit que l'histoire était centrale et qu'elle devait déterminer les graphismes et la musique. Mais ça marche dans les deux sens. Par exemple, Lorien a composé des morceaux qui ont inspiré notre écriture et Nicholas a inventé des choses qui m'ont donné envie de changer la narration. Quant à nos inspirations, elles viennent de nos expériences personnelles. Je pense qu'il est essentiel d'écrire sur ce que vous connaissez pour que ça ait l'air authentique. À mon avis, c'est ce qui fait que tant de gens aiment l'histoire et peuvent s'identifier aux personnages. Ils ont ce sentiment d'authenticité parce que les émotions qui sont derrière sont véritables. Certains dialogues viennent de mon quotidien et je les ai intégrés parce qu'ils correspondent à ma façon de voir les choses.

Comment avez-vous inventé le personnage de la peintresse ?

D'abord, Guillaume a été inspiré par un dessin qui lui a fait penser à une espèce d'immense horloge monolithique de la fin du monde, avec une femme à côté. J'ai beaucoup aimé ce point de départ. On a réfléchi à ce qu'elle pouvait faire là, mais rien de très convaincant ne nous est venu à l'esprit. Une nuit, j'ai fait un rêve qui m'a donné envie d'écrire une histoire. Il était question d'une jeune femme qui pensait être orpheline, mais dont la mère était en fait coincée dans un tableau. Elle s'aventurait dans la peinture pour essayer de la sauver. À la même période, Guillaume a demandé à sa mère ce qui pouvait lui arriver de pire. Elle lui a répondu que ce serait de perdre ses enfants. On s'est dit que ça pouvait être une bonne base. La peintresse chercherait en fait à surmonter son chagrin.

« Apparemment, c'est le jeu le mieux noté de tous les temps, ça me fait péter un câble »

Pourquoi avoir transposé cette histoire à la Belle Époque ?

Au départ, l'histoire devait se passer dans un décor steampunk, donc à l'époque victorienne qui marque l'apogée de la révolution industrielle au Royaume-Uni. Comme c'est le cadre de plein de récits fantastiques, on a cherché quelque chose de plus original. Sandfall Interactive étant un studio français, on a pensé à la Belle Époque parce que c'est une période qui présente l'avantage d'être proche de l'ère victorienne et d'être riche culturellement. Son style artistique collait parfaitement à l'idée qu'on se faisait de la peintresse. C'était parfait.

Comment vivez-vous le succès du jeu ?

On a tous été surpris, c'est allé bien au-delà de nos attentes. Je n'arrive toujours pas à y croire. Apparemment, c'est le jeu le mieux noté de tous les temps, ça me fait péter un câble. Il y a tellement de bons jeux, c'est irréel.

Quel est le meilleur retour que vous ayez eu ?

Il y en a tellement. D'abord, des gens qui travaillent dans le monde de la narration m'ont dit qu'ils adoraient l'histoire. C'est mon premier jeu, donc c'est incroyable de recevoir des messages de la part de personnes que j'admire et dont j'ai lu les livres. Et puis il y a les retours des joueurs. Certains nous racontent qu'ils ont perdu des proches, ou qu'ils étaient déprimés au point de ne plus être sûrs de vouloir être de ce monde, et que le jeu les a aidés à traverser une période difficile. Un joueur a réalisé qu'il avait besoin de faire son deuil et d'aller de l'avant grâce au jeu. Un autre s'est rendu compte qu'il avait besoin de pleurer. D'autres m'ont parlé d'espoir, de joie, d'inspiration, du fait qu'ils avaient recommencé à écrire, à faire de la musique ou à vivre. J'ai été très émue de lire tout ça parce que j'ai mis beaucoup de moi-même dans les personnages et leurs arcs émotionnels. Le fait que ça ait touché autant de gens est un honneur.

LES JEUX QUI NOUS ONT CHOQUÉS CETTE ANNÉE

Clair Obscur Expedition 33

Le RPG français, qui plonge ses joueurs dans un décor post-apocalyptique inspiré de la Belle Époque, a remporté un succès planétaire complètement inattendu. Trois jours après sa sortie, ce jeu créé par un petit studio montpelliérain d'une trentaine de personnes avait vendu plus d'un million d'exemplaires.

Doom The Dark Ages

Meilleur lancement de la série, le nouveau volet de ce grand classique des FPS propose une zone de jeu étendue. Il recueille une note supérieure à

EA FC 25

Moins hégémonique que les FIFA, la simulation de football continue d'être le jeu le plus vendu en France. 1,4 million d'unités sont parties en 2024.

Elden Ring Shadow of the Erdtree (DLC)

Plébiscitée dès ses premiers tests l'année dernière, cette extension du jeu d'action fantastique a réussi à surprendre ses fans. Ils ont été 5 millions à sortir leur porte-monnaie en trois jours.

Death Stranding 2: On The Beach

Le plus cinéphile des créateurs de jeux Hideo Kojima revient avec la suite de son ovni *Death Stranding* sorti en 2019. Ce nouvel opus, aussi clivant que les précédents, vous propose de poursuivre la quête de Sam Bridges de reconnecter un monde dévasté.

Elden Ring Nightreign

Le nouveau volet de la série de survie a dépassé les 3,5 millions de copies vendues en moins d'une semaine, début juin.

The Elder Scrolls IV: Oblivion remastered

Le quatrième épisode de la série de ce jeu de rôle fantastique offre des graphismes spectaculaires et des animations de qualité. Il a obtenu de meilleurs résultats en un mois que l'original en quinze.

Indiana Jones et le Cercle ancien

Le retour de l'archéologue le plus célèbre du cinéma est un succès. Salué pour son respect du héros de Spielberg, le jeu frôle les 90 % sur Steam.

Kingdom Come Deliverance 2

Sept ans après la première mouture de ce RPG ultra-réaliste, sa suite tient ses promesses. Le jeu tchèque a convaincu 2 millions de personnes en quinze jours.

The Legend of Zelda: Echoes of Wisdom

En donnant le premier rôle à la princesse Zelda, ce nouveau chapitre disponible sur Switch renouvelle l'expérience sans trahir l'esprit de la saga.

Mario Kart World

Alors que son prédécesseur, *Mario Kart 8 Deluxe*, s'était écoulé à plus de 68 millions d'exemplaires, cette nouvelle version du jeu de course, qui propose un monde ouvert, a débarqué à la sortie de la Switch avec l'efficacité d'une carapace bleue.

Rematch

Jeu de foot made in France en 5 *vs* 5, *Rematch* passionne les joueurs depuis sa bêta.

Split Fiction

L'aventure coopérative imaginée par Josef Fares s'est écoulée à deux millions d'exemplaires en une semaine. Elle devrait inspirer un film avec Sydney Sweeney au casting.

Super Mario Party Jamboree

De nouveaux décors, personnages et mini-jeux rafraîchissent le jeu de plateau de Nintendo, toujours irrésistible entre amis.

Cette liste couvre la période de septembre 2024 à juillet 2025

REMATCH : DES ANCIENS D'UBISOFT RÉVOLUTIONNENT LE JEU DE FOOT QU'EA AVAIT MIS EN COUPE RÉGLÉE

Avec *Rematch*, les Français de Sloclap réinventent le jeu de football. Pour créer une expérience la plus immersive possible, ces anciens d'Ubisoft proposent de contrôler un joueur dans un match en cinq contre cinq, sans temps mort. Son directeur créatif, Pierre Tarno, passe au tableau noir.

« L'idée est d'apprendre à maîtriser un athlète pour réaliser des gestes spectaculaires et se sentir exceptionnel. Mais la réussite passe par le collectif »

D'où est venue l'idée de développer un jeu de football ?

Rematch est né de notre passion pour les jeux d'action à la troisième personne, les expériences multijoueurs intenses et le football. On avait envie de proposer une vision différente de ce sport, à hauteur d'homme, en mettant l'accent sur sa beauté, son côté instinctif, et ce que ça crée quand on joue en équipe, sous pression. Avec une vue à la troisième personne, chaque duel se vit à fond et l'expérience est plus immersive. Les passes, les tacles, les tirs deviennent des moments décisifs qu'on vit de l'intérieur.

Comment se joue Rematch ?

On ne contrôle qu'un seul joueur dans des matchs à cinq contre cinq. Il n'y a pas de fautes, pas de hors-jeu, pas de temps mort. Ça peut convenir aussi bien aux fans de foot qu'aux novices. L'idée est d'apprendre à maîtriser un athlète pour réaliser des gestes spectaculaires et se sentir exceptionnel. Mais la réussite passe par le collectif. Chaque action est intense, tendue et compétitive, de façon à ce qu'on ressente la pression du haut niveau.

Quelles ont été vos inspirations ?

On s'est beaucoup nourris des jeux d'action en ligne qu'on adore, mais aussi de notre passion du football. Le geste de la volée a été un vrai déclic : c'est un moment de grâce à la fois fluide, instinctif et spectaculaire. On a voulu en faire un moteur de gameplay pour que des actions coordonnées, magnifiques et spontanées puissent naître naturellement entre joueurs.

Quel est le meilleur moyen de gagner à Rematch ?

C'est un jeu qui récompense l'intelligence de jeu et l'esprit d'équipe – et qui évoluera constamment, avec du nouveau contenu, des mises à jour et une forte place laissée à la communauté. Il faut avant tout partager le ballon. Dribbler, c'est cool. Mais offrir une passe décisive pour une volée en pleine lucarne est encore plus grisant.

Comment le jeu a-t-il été accueilli ?

La version bêta a été très bien accueillie avec plus de 850 000 joueurs actifs et 3 millions d'heures de jeu. On est entré dans le top 8 sur Steam… Mais surtout, on a vu des actions incroyables à tous les niveaux, des moments de jeu qui nous ont vraiment touchés, parce qu'ils capturaient exactement ce qu'on voulait créer. Et ce n'est pas fini. On a prévu de proposer de la personnalisation, de nouveaux environnements, des modes inédits… On va s'appuyer sur les retours de la communauté pour faire grandir le jeu. ●

WOODKID RÉVÈLE LE PROCESSUS CRÉATIF FOU D'HIDEO KOJIMA, LE CRÉATEUR DE DEATH STRANDING 2 : « ON A UN PROBLÈME, ON A FAIT ESSAYER LE JEU ET LES JOUEURS L'AIMENT TROP. »

Dans une interview donnée au magazine *Rolling Stone* le 14 juin, Woodkid, le compositeur français de la BO de *Death Stranding 2*, raconte une anecdote sur Hideo Kojima, aka le fou du bus originel. Alors que *Death Stranding 2* était déjà bien avancé et que le jeu avait été envoyé en test auprès des joueurs, Hideo Kojima a identifié un problème surprenant : il était jugé « trop bon » par les joueurs.

Hideo Kojima en a conclu que quelque chose n'allait pas avec ce premier jet et a décidé d'effectuer des modifications drastiques, considérant que si le jeu plaisait à tout le monde, il devait être trop lisse ou édulcoré.

Créateur de licences cultes parmi lesquelles *Metal Gear*, *Metal Gear Solid*, *Silent Hill* et maintenant *Death Stranding*, Hideo Kojima se considère avant tout comme un artiste et envisage le medium jeu vidéo comme une expérience qui se doit d'être unique et radicale. C'est le cas de *Death Stranding 2*, qui divise déjà Internet malgré une excellente note de 90 % sur Metacritic.

L'OBJET DE L'ANNÉE : LA SWITCH 2

IMAGE : ©ULYCES

Les joueurs ont commencé à switcher le 5 juin dernier. Après avoir plébiscité la première version de la console portable de Nintendo, vendue à 150 millions d'exemplaires depuis sa sortie en 2017, ils se sont rués sur la Switch 2 lors de sa sortie. Elle se serait vendue à plus de 3 millions d'exemplaires en 24 heures, le meilleur démarrage de l'histoire. Malgré cet indéniable engouement, la barre est haute pour le constructeur japonais. Le prix de départ du nouveau modèle (469,99 euros) a pu en décourager certains et, si l'écran passe de 6,2 à 7,9 pouces, il utilise la technologie LCD (Liquid Crystal Display) pour l'affichage plutôt qu'OLED (Organic Light-Emitting Diode).

LA CITATION DE L'ANNÉE : « LE MARCHÉ EST SATURÉ PAR DES JEUX DE MERDE »

***Minh Le**, créateur de* **Counter Strike**

IMAGE : ©ULYCES / MÉDAILLON : ©SHACKNEWS INTERVIEWS

Minh Le n'est pas du genre à économiser ses balles. Lors d'une interview avec le youtubeur DeZolance, l'un des créateurs de *Counter Strike* a tiré sans sommation sur l'industrie du jeu vidéo. D'après le Canado-Vietnamien de 47 ans, cet écosystème a beaucoup changé depuis l'arrivée du légendaire FPS (first-person shooter, comprenez jeu de tir à la première personne). *« C'est beaucoup plus concurrentiel »*, observe-t-il. *« Vous avez des gens qui font de super jeux et, en même temps, le marché est saturé par un tas de jeux de merde, avec des gens qui essayent juste de se faire un billet. »* Dans ce contexte, Minh Le n'est *« même pas sûr que* Counter Strike *aurait eu du succès. »*

LE LIEU DE L'ANNÉE : LE STADE DE LA KARMINE CORP

***Kameto*, président de la Karmine Corp**

IMAGE : ©POUDOU99

Les murs des Arènes de l'Agora n'avaient jamais autant tremblé. Vendredi 20 septembre 2024, la salle de spectacle d'Évry-Courcouronnes (Essonne) est officiellement devenue le stade de la Karmine Corp. L'équipe d'e-sport français y a disputé son premier match devant 3 000 personnes. *« On n'a pas vu ça au cœur de la ville depuis quasiment 30 ans »*, a confié le maire Stéphane Beaudet à *L'Équipe*. Depuis, les coéquipiers de Prime et Kameto n'ont cessé de faire vibrer leur stade.

LA DEMONTADA DE L'ANNÉE : APRÈS AVOIR FLEXÉ SUR *DIABLO IV*, ELON MUSK PASSE POUR UNE GROSSE FRAUDE AUX JEUX VIDÉO

L'ancien patron du département de l'Efficacité gouvernementale est apparemment quelqu'un d'efficace. Tout en donnant un coup de main à Donald Trump pour faire des coupes sombres dans l'administration, Elon Musk a trouvé le temps de jouer aux jeux vidéo. De très bien jouer même : en novembre 2024, le patron de Tesla, SpaceX et Neuralink a affirmé, sur son réseau social X, avoir terminé le niveau 150 de *Diablo IV* en 1,52 minute. Aucun joueur professionnel n'y est parvenu.

Le doute est permis pour ses détracteurs, qui ont détecté de l'activité sur son compte au moment même où le milliardaire assistait à la cérémonie d'investiture de Donald Trump. En janvier, son ex a volé à sa rescousse : *« J'aimerais dire que le père de mes enfants était le premier druide américain sur* Diablo *à finir le niveau L'Abattoir de Zir et qu'il a terminé meilleur américain de l'année »*, a écrit la chanteuse Grimes.

Lors d'une conversation avec le youtubeur NikoWrex, Musk a fini par reconnaître qu'il était *« impossible de battre les joueurs asiatiques »* sans recourir au partage de compte. Autrement dit, d'autres joueurs gonflent ses statistiques. Même si cette pratique viole les conditions d'utilisation de l'éditeur du jeu, Blizzard, le PDG refuse de faire son mea culpa. Piqué dans son orgueil, le patron de Tesla a lancé un live pour faire étalage de ses compétences sur *Path of Exile 2*, le 5 avril 2025. Las, il a été tué par un boss du tuto, s'est fait copieusement insulter et a fini par quitter la partie dans un accès de rage. Elon Musk est donc surtout quelqu'un d'efficace quand il est aidé par les meilleurs…

LA BRÈVE DE L'ANNÉE : LA POLICE DANOISE STREAME SUR *COUNTER STRIKE* POUR INTERPELLER LES HARCELEURS EN LIGNE

IMAGE : ©ULYCES

Au Danemark, certains agents tirent sur le moindre inconnu qu'ils croisent. Ces policiers à la gâchette facile font partie d'une unité spéciale qui patrouille sur *Counter Strike*. Leur travail consiste à participer à des parties en ligne pour prévenir des crimes, traquer des prédateurs sexuels et éviter le harcèlement. Une mission qu'ils accomplissent aussi sur Twitch, Discord, Instagram, Facebook et TikTok. L'histoire ne dit pas s'ils optent pour l'équipe terroriste.

LA REMONTADA DE L'ANNÉE : LE RPG AU TOUR PAR TOUR

IMAGE : ©KEPLER INTERACTIVE

Le succès de *Clair Obscur: Expedition 33* fait des émules. Trois jours après la sortie du jeu français, le 24 avril 2025, le streamer Shirrako proposait, sur X, que le prochain *Final Fantasy* soit un jeu au tour par tour. Car alors que la franchise proposait ce mode de prise de décision dans ses premiers opus, elle l'a abandonné en faveur d'une action en temps réel. C'était d'ailleurs la tendance ces dernières années dans une industrie éprise de vitesse. Mais avec des jeux comme *Persona 5 Royal*, *Baldur's Gate 3* et *Clair Obscur: Expedition 33*, le tour par tour signe son retour en grâce, au point que Shirrako n'est pas seul à demander qu'il soit appliqué au prochain *Final Fantasy*. Ironie de l'histoire, c'est l'une des inspirations des créateurs de *Clair Obscur: Expedition 33*.

IMAGE : ©KEPLER INTERACTIVE

Chapitre 07

STREAMERS

VILEBREQUIN
NordVPN
VILEBREQUIN
VILEBREQUIN
ZDOROVETSKIY
MALE
RUSSIAN
NATIONALITY
BUREAU OF IMMIGRAT
DRIVE INTRAMUROS
QUERSUS

LA FOLLE HISTOIRE DE COMMENT LA KINGS LEAGUE A DÉBARQUÉ EN FRANCE

Après une première expérience catastrophique, Amine avait juré qu'il ne participerait plus à la Kings League, et qu'elle aurait bien du mal à arriver en France. Mais Gerard Piqué, et les organisateurs de cette compétition de football calibrée pour les réseaux, l'ont convaincu de lancer la VF.

Théo Chendri a la tête qui tourne. Le coup de sifflet final vient à peine de retentir, ce lundi 5 mai 2025, que le milieu de terrain se retrouve happé par une marée humaine déchaînée. Pour lui comme pour ses coéquipiers qui sautent dans tous les sens, la pelouse synthétique du parc des Expositions de Villepinte devient meuble, les visages se mélangent et l'air est saturé par les cris. Ce n'est qu'un match de Kings League, cette compétition de foot à sept organisée par des streamers, mais les joueurs de Unit3d fêtent leur victoire face au Panam All Starz comme s'ils étaient en Coupe du monde. Quelque part, ce n'est pas faux : avec cette victoire 7 à 4, suivie par 320 391 personnes sur le compte Twitch de Squeezie, le président de l'équipe, ils ont validé leur ticket pour la Kings World Cup, leur mondial à eux.

En début d'année, Théo Chendri était à des années-lumière de penser qu'il disputerait le tournoi qui s'est déroulé du 1er au 15 juin à La Défense Arena de Paris. Non pas que ce natif de Toulouse doutait de ses qualités. Mais la première Kings World Cup s'était trop mal passée pour qu'il imagine y remettre les pieds. À l'été 2024, deux ans après avoir créé la Kings League, l'ancien international espagnol Gerard Piqué invitait des joueurs et des streamers de six pays à s'affronter au Mexique, dans un tournoi reprenant les règles excentriques de ce format pensé pour *« révolutionner le football »*. Il a en tout cas cassé Internet en engendrant 66 millions d'engagements.

Les matchs durent 40 minutes, les joueurs entrent un à un sur la pelouse, et une avalanche de cartes jokers viennent pimenter les choses au fil de la rencontre. Certaines permettent de bénéficier d'un but compte double, d'autres de s'offrir un penalty, d'autres encore donnent la possibilité d'exclure un joueur adverse pendant 4 minutes. Les entraîneurs peuvent recourir à l'assistance vidéo une fois par rencontre et un président peut venir tirer un penalty à tout moment. Enfin, entre autres subtilités, les égalités sont départagées par une séance de tirs au but *« façon MLS »* : le tireur a 5 secondes pour partir du rond central et aller défier le gardien.

Si cela fait pas mal d'informations à intégrer, c'est normal. Ce format sans temps mort et plein de rebondissements a été conçu pour plaire à un public à l'attention volatile. *« Les jeunes ne regardent plus un match complet et vont davantage sur les réseaux, des canaux alternatifs ou multi-écrans »*, analysait Gerard Piqué lors du lancement de la Kings League en Espagne. Alors,

« L'ex de Shakira a mobilisé les streamers les plus connus du pays pour présider les équipes »

l'ex de Shakira a mobilisé les streamers les plus connus du pays pour présider les équipes de cette compétition retransmise sur Twitch.

Convaincu que le concept pouvait marcher à l'international, Piqué a demandé au vidéaste AmineMaTue de prendre la tête de la sélection française pour la première Kings World Cup organisée à l'été 2024 au Mexique. Chaque équipe étant composée de semi-professionnels chapeautés par quelques anciennes gloires du ballon rond, Amine a fait appel à Samir Nasri, Jérémy Ménez et Adil Rami, auxquels sont venus s'ajouter une kyrielle de pensionnaires de National 2 et de National 3, respectivement quatrième et cinquième échelons du football français.

C'est comme ça que Théo Chendri s'est retrouvé avec les Bleus au Mexique. Formé au FC Barcelone, l'ancien espoir a évolué dans les catégories inférieures espagnoles jusqu'en 2023, année de son retour à Colomiers (National 3), son premier club. De l'autre côté des Pyrénées, il avait déjà eu des touches pour participer à la Kings League sous les ordres des streamers Gerard Moreno et Ibai Llanos. Mais c'est finalement Amine qui l'a convaincu de sauter le pas.

Hélas, les Français ont été éliminés dès la phase de poule. Alors qu'ils jouent leur qualification pour les huitièmes de finale lors d'une séance de tirs au but face aux Argentins de Muchachos FC, les hommes d'Amine voient leur destin basculer à cause d'une décision arbitrale polémique. Sur un tir adverse, le ballon est contré par leur gardien avant de s'envoler, de rebondir au sol et d'entrer dans les cages. Sa trajectoire a-t-elle été affectée par le plafond ? Amine en est persuadé, mais le but est validé.

« Les matchs durent 40 minutes, les joueurs entrent un à un sur la pelouse, et une avalanche de cartes jokers viennent pimenter les choses au fil de la rencontre »

« Piqué semble satisfaire toutes les demandes du streamer français »

Dans la foulée de la rencontre, la polémique enfle sur Internet. *« Mais la balle touche le plafond ! »*, tweete le compte des Français, dont le message compte 1,5 million de vues. Joueurs et dirigeants tricolores se relaient pour crier au scandale. *« Quand tu es investi dans le projet depuis deux mois, que tu t'entraînes à Paris une fois par jour pendant un mois, et que tu fais le déplacement jusqu'au Mexique, tu es forcément dégouté »*, rembobine Théo Chendri. Résultat des courses, Amine jure dans un live qu'il ne participera plus jamais à la Kings League. Il faudra des mois de pourparlers pour qu'il change d'avis.

Talonnées par la Baller League, qui propose un format semblable en Allemagne et au Royaume-Uni depuis 2014, les équipes de Gerard Piqué ne veulent pas perdre de temps pour s'exporter. Tout en créant des ligues en Amérique du Sud, en Italie et en Allemagne, elles insistent auprès d'Amine afin de le convaincre de diriger la Kings League en France. Difficile de trouver meilleur ambassadeur que ce passionné de football qui compte 3,3 millions d'abonnés sur Twitch, 2,8 millions sur X et 2 millions sur Instagram. *« Amine doit être la tête d'affiche, c'est avec lui que tout a commencé, c'est avec lui que la Kings League s'est fait connaître en France »*, avance Théo Chendri.

IMAGE : ©VINOD DIVAKARAN

Entre septembre et novembre 2024, Piqué essuie pas moins de trois refus. *« J'ai dit qu'en gros, si je voulais le faire, il fallait qu'eux, dans leur organisation, changent beaucoup de choses, ce qui a été fait »*, pose Amine dans une vidéo d'explication publiée en mars 2025. Pour le convaincre, Piqué commence par organiser le match retour du Eleven All Stars, dont la première manche avait laissé un froid entre streamers français et espagnol (2-0 en 2022). Amine est nommé sélectionneur des Bleus, qui s'inclinent cette fois (0-2) en octobre. À la même période, le Français Djamel Agaoua, ex-patron de la NBA en Europe, débarque à la tête de la Kings League.

En d'autres termes, Piqué semble satisfaire toutes les demandes du streamer français. *« Ils ont changé la moitié des employés qui étaient des fraudes, je suis à la gestion de l'organisation de tout ce qui va se passer en France »*, détaille Amine. À l'en croire, l'argent n'a pas été décisif : *« Il n'y a eu aucun gros chèque. D'autres ligues en Europe et dans le monde m'ont contacté en m'offrant des sommes monstrueuses. »* Le trentenaire a surtout obtenu *« le dernier mot sur l'organisation, la protection de l'image des créateurs de contenu, des footballeurs, la production des matchs. »*

Une fois l'accord conclu, tout va très vite. Début mars, Amine annonce l'arrivée de la Kings League en France, pour laquelle des détections sont organisées séance tenante. *« On a eu une semaine pour envoyer notre candidature et, la semaine suivante, on était convoqués aux tests »*, décrit Théo Chendri. *« Une semaine après les tests, c'était l'heure de la draft, et encore une semaine plus tard, le championnat commençait. »*

Sélectionné par Squeezie, le milieu de terrain défend les couleurs de Unit3ed le jour du coup d'envoi, le 6 avril 2025. Les autres formations sont présidées par les streamers Pfut, Kameto, Michou et Domingo, quand ce ne sont pas d'anciennes stars du ballon rond qui les dirigent, à l'image d'Adil Rami, ou du collectif formé par Aurélien Tchouameni, Jules Koundé, Mike Maignan, Manu Koné et Bryan Mbeumo. De son côté, Amine s'adjoint les services des anciens professionnels Samir Nasri et Jérémy Menez.

La première journée rassemble une moyenne de 200 000 spectateurs, ce qui en fait l'un des événements en direct les plus regardés sur les plateformes de streaming. Amine était bien l'homme de la situation. Mais sa gestion n'a pas réussi à chasser toutes les polémiques. Le 6 mai 2025, l'arbitre Rayan Herry a annoncé quitter la compétition après avoir reçu *« de vraies menaces »*. Un membre d'une équipe lui aurait dit : *« J'ai ramené des joueurs du Real et du Barça, j'ai mis beaucoup d'argent et vous nous faites ça. »*

La direction reconnaît que tout n'est pas encore parfait. *« Comme toute compétition qui se lance, on sait qu'on peut s'améliorer »*, indique-t-elle. Il en va de la légitimité d'un projet trop souvent assimilé à un *« cirque »*, pour reprendre le terme utilisé par Javier Tebas, président de la ligue espagnole conventionnelle. *« Les clubs de foot à 11 ne respectent pas encore complètement le format »*, se lamente Théo Chendri, qui n'a pas été soutenu par l'US Colomiers dans sa démarche. L'ancien pensionnaire de la Masia ne regrette pas sa participation, qui lui a valu de prendre part à une Coupe du monde d'un nouveau genre, où son équipe, Unit3d, a été éliminée en quarts de finale. Alors qu'il connaissait mal le monde du streaming à ses débuts, il est devenu une petite star d'Internet. ●

VILEBREQUIN : COMMENT LA SÉPARATION D'UN DUO DE YOUTUBEURS AUTOMOBILE EST ENTRÉE DANS LA LÉGENDE DE L'INTERNET FR

IMAGE : ©ULYCES

Pendant 7 ans, Pierre Chabrier et Sylvain Levy ont copiloté Vilebrequin, la chaîne YouTube sur l'automobile la plus suivie en France. Leur séparation, fin 2023, a choqué Internet. Elle a été suivie d'une série de dérapages totalement incontrôlés, et d'une vidéo légendaire de l'un des deux membres.

VILEBREQUIN
VILEBREQUIN

Il y a quelque chose de forcé dans les sourires de Pierre Chabrier et de Sylvain Levy. Ce 7 décembre 2023, les deux hommes offrent un visage aussi faussement sympathique que le studio aux airs de Airbnb dans lequel ils tournent la vidéo intitulée « *C'est fini* ». Mais pour faire leurs adieux aux « *loulous* », ils ont décidé de tenir le clap de tournage à quatre mains. Rien que de plus normal pour ces youtubeurs inséparables depuis la création de Vilebrequin, en 2017. Après tout, cette chaîne qui rassemble quelque 2,5 millions d'abonnés leur a permis de revendiquer le siège de premier média francophone sur le monde de l'automobile et d'animer l'émission « *Top Gear France* », sur RMC Découverte et Prime Vidéo.

D'un commun accord, les vidéastes ont estimé que leur route devait se séparer ici et qu'il valait mieux enrober leurs différends sous une bonne couche d'humour. « *Ne partez pas en panique, lâche la corde, je te vois, t'inquiète* », plaisante Pierre Chabrier. Les abonnés sont sous le choc. « *Ils se rendent compte qu'ils ne connaissent pas la nature de leur relation, alors que, sur YouTube, tout est fait pour donner un sentiment d'intimité* », décrypte Adam Bensoussan, vidéaste et consultant en communication de crise. « *Ça peut donner l'impression que tout était faux depuis le début.* »

Le ton est comme d'habitude à la rigolade, et les euphémismes s'enchaînent. « *On a des objectifs qui deviennent différents, on a des visions de la vie qui deviennent différentes* », affirme Sylvain Levy. De son côté, Pierre Chabrier annonce « *une petite vidéo chialade à la fin* » sous la forme d'une compilation de moments forts. Mais les vraies émotions mettront un peu de temps à remonter à la surface. Il faudra en réalité attendre six mois pour que les larmes coulent.

Le 15 août 2024, alors que le public s'est désormais habitué à voir les deux hommes produire du contenu séparément, Pierre Chabrier publie une vidéo qui fait l'effet d'une bombe. Elle est censée révéler « *la vérité sur Vilebrequin et le 1000tipla* ». Le 1000tipla est une version survitaminée de la Fiat Multipla, un monospace familial et boudiné. Le duo a levé plus d'un million d'euros auprès de ses abonnés pour transformer « *la pire voiture du monde* » en un bolide de 1294 chevaux capable de rouler à 292 km/h.

Le véhicule est l'emblème de leur chaîne. Or, Sylvain Levy vient de le récupérer et de le faire rouler dans une vidéo où il annonce son « *retour* ».

« Je me suis vu espérer sincèrement, du plus profond de mon être, que je fasse un aquaplaning »

Un retour que Pierre Chabrier n'a visiblement pas apprécié. Pendant 40 minutes, le grand barbu se répand en reproches contre son ancien compère, qui aurait créé un « *cadre de travail qui n'était pas sain du tout* », mais aussi « *donné une mauvaise image de Vilebrequin, de gens fermés, réfractaires aux collaborations* ». Sylvain Lévy aurait aussi refusé un CDI à sa copine, qui venait d'enchaîner deux CDD en qualité de chargée de production, et « *demandé à des amis de signer des contrats leur interdisant de travailler avec [lui]* ».

Des sanglots dans la voix, Pierre Chabrier raconte même un moment d'égarement : « *Je me suis vu espérer sincèrement, du plus profond de mon être que je fasse un aquaplaning, que je fasse une sortie de route. J'ai sincèrement souhaité [...] que juste ça s'arrête. Je n'avais juste qu'une envie, c'était que ça s'arrête. C'était trop douloureux.* »

Après avoir séché ses larmes, le natif de Tours accuse son ex-partenaire de s'être « *vendu à lui-même le 1000tipla* ». L'opération aurait été réalisée à un prix « *complètement dévalué par rapport à la somme que vaut vraiment le 1000tipla* » et le vidéaste la voit donc comme « *un beau doigt d'honneur* ». Ce faisant, Sylvain Levy se serait accaparé « *la dernière chose qu'il restait vraiment de cette aventure qui nous appartenait encore à tous les deux* », se lamente le vidéaste.

En guise de réponse, le mis en cause se contente d'abord d'un court message sur Instagram : « *L'idée de reprendre le Multipla me vient de Pierre lui-même, qui avait déjà entamé les démarches de son côté, sans m'en parler, pour le récupérer et l'exposer dans son propre local.* » Sylvain Levy n'en dit pas plus. Il préfère laver son linge sale en privé, comme Squeezie et Cyprien l'avaient fait au moment de leur séparation en 2019. Sauf que ses vues et sa réputation chutent dans des proportions « *très rares* », dixit Adam Bensoussan.

« Le duo a levé plus d'un million d'euros auprès de ses abonnés pour transformer "la pire voiture du monde" en un bolide de 1294 chevaux capable de rouler à 292 km/h »

VILEBREQUIN
NordVPN
Machines-3D
MICHELIN
WORK

« Quoiqu'invérifiable, cette allégation lui vaut le surnom de "comte de menthe et cristaux" »

Alors il finit par étayer son propos six mois plus tard, en janvier 2025, dans une vidéo en forme de tir de barrage. Non seulement *« Pierre Chabrier vous a menti »*, jure son ancien acolyte, mais il aurait aussi mis en scène sa détresse en s'aidant de cristaux de menthe qui, lorsqu'ils sont frottés sous les yeux, peuvent faire pleurer sur commande. Quoiqu'invérifiable, cette allégation lui vaut le surnom de *« comte de menthe et cristaux »*.

IMAGE : ©MICKAEL LE ROUZIC

Avec son sens de la formule, Sylvain Levy fait mouche. Sa réponse si attendue devient un phénomène de l'Internet français au point dépasser largement le cadre de leurs audiences habituelles. Désormais, même ceux qui n'avaient encore jamais entendu parler du duo sont au courant de la dispute. Les rôles sont redistribués et, comme dans une pièce de Molière, le public se retourne contre Pierre Chabrier qui, après s'être attribué le rôle de victime, est vu comme un menteur.

La réponse de Sylvain Levy éclaire d'un jour nouveau l'affaire du 1000tipla. Selon lui, la société Vilebrequin possédait jusqu'à récemment deux véhicules : une Volkswagen Phaeton et le 1000tipla. Pierre Chabrier ayant mis la main sur le premier sans le consulter, Sylvain Levy craignait qu'il n'en fasse de même avec le second. *« Si Pierre est capable de se vendre la Phaeton sans que je ne puisse rien dire, rien ne l'empêche de se racheter le 1000tipla »*, avance-t-il. C'est donc sous la menace qu'il se serait décidé à prendre les devants.

Mais ce n'est pas tout. Un litige financier oppose les deux hommes. *« Actuellement, Pierre a volé l'argent du compte Vilebrequin »*, prétend Sylvain. *« Il a extrait un chèque de banque du montant total du compte. Et aujourd'hui, ce chèque de banque est sur son bureau. En tant que président de Vilebrequin, je ne peux pas payer les 92 000 euros d'impôts qu'on doit. »*

Pierre donne évidemment une autre interprétation de ce volet de l'affaire dans un message rédigé sur son compte Instagram : *« Le siège social a reçu le chèque suite à des mouvements bancaires initiés par Sylvain que notre banque a estimés comme suspects, et celle-ci a clôturé notre compte. Sylvain a donc exigé un virement de l'intégralité de la somme du compte Vilebrequin sur un nouveau compte créé par ses soins, sans m'en informer. Notre banque a refusé d'effectuer ce virement en le déclarant non légitime et a décidé, sans nous laisser le choix, d'envoyer un chèque au siège social (redirigé chez moi depuis 5 ans, en accord avec Sylvain). »*

Le jeune homme va plus loin en partageant ces détails au cours d'un live fleuve sur Twitch, où il brandit une somme de documents censés attester sa bonne foi. *« C'est une erreur de communication »*, estime Adam Bensoussan. *« Il essaye de répondre point par point sur le fond, mais ça n'intéresse pas ses abonnés. Ils veulent savoir qui est le méchant. »*

Si ce mélodrame sur fond de bataille judiciaire en a agacé beaucoup, il n'empêche pas les deux anciens membres de Vilebrequin de continuer à travailler en solo. En février 2025, Pierre Chabrier s'en est carrément servi pour tourner un court-métrage baptisé *La véritable histoire du Comte de Menthe et Cristaux*, dans lequel il tourne en dérision les accusations portées contre lui.

Le mois suivant, Sylvain Levy s'est affiché avec deux trophées YouTube récompensant les créateurs de plus d'un million d'abonnés. L'un porte la mention *« avant drama »*, l'autre *« après drama »*. Car le trentenaire a dépassé cette barre symbolique une première fois ; il a perdu une partie de son audience quand Pierre Chabrier a partagé sa première vidéo ; et il a fini par se remettre à flot.

Pour autant, on ne sort pas indemne d'un tel déballage. *« Ils font peut-être du clic avec l'affaire, mais on les ramènera toujours à ça »*, prévoit Adam Bensoussan. *« Leur réputation est écornée, ce qui fait que les créateurs de contenu et les marques seront moins enclins à s'afficher avec eux. »* Ni Pierre Chabrier, ni Sylvain Levy n'ont été invités au GP Explorer 3 d'octobre 2025. Au regard de son nombre d'abonnés, le second s'en tire mieux. Mais tout le monde n'a pas envie de monter dans sa 1000tipla.

LE GUIDE ULTIME DES VIDÉOS DE LORIS GIULIANO

Loris Giuliano et Pierre Niney en balade

Avant d'incarner Le Comte de Monte-Cristo, le comédien est allé faire un tour dans la voiture de Loris pour la promo de la série *Fiasco*. Fiasco impossible pendant la balade vu son sens de la répartie.

L'argent

Loris tend le micro à tout ce que les rues parisiennes ont de plus fantasque pour créer une cascade de situations absurdes. C'est probablement son micro-trottoir le plus mythique.

Les sites de rencontres 2

Au détour de ses interviews de rue, Loris se rend chez un libraire d'art de Beaubourg, Yves Toutut. L'octogénaire a du répondant et devient une petite star d'Internet.

La sapologie

Le youtubeur en costume-cravate a le droit à un relooking haut en couleur chez les rois de la sapologie de Château-Rouge, dans le 18e arrondissement.

La Corse

Chez ses voisins corses, le créateur de contenu d'origine napolitaine n'a qu'à se baisser pour récolter des anecdotes truculentes.

80 ans d'Yves

Loris fête l'anniversaire de son libraire préféré avec force confettis. Un beau moment d'amitié émaillé d'échanges absurdes.

Loris Giuliano et Adèle Exarchopoulos

Loris et l'actrice de *L'Amour ouf* font monter des inconnus dans leur van pour essayer de former un couple, avant d'organiser un faux mariage en pleine rue.

Les exs

Loris arpente les rues de Bruxelles à la recherche des personnages les plus déjantés de la capitale belge.

Les quartiers nord

Loris se fait guider dans le quartier de Frais Vallon, à Marseille, pour un barbecue d'anthologie.

Les boîtes de nuit

En faisant la sortie des boîtes de nuit, Loris tombe sur des jeunes dont « *le rhum était très arrangé* ».

IMAGE : ©ULYCES

COMMENT LE STREAMER ANYME EST DEVENU, EN QUELQUES SEMAINES, LA NOUVELLE SUPERSTAR DE L'INTERNET FR

IMAGE : ©MR COTCOT

Le nouveau chef des streamers français n'a pas eu beaucoup de temps pour savourer son succès. *« Y'a encore quelques mois j'étais aux frites »*, écrivait Anyme sur X, après avoir généré 2,7 millions d'heures de visionnage sur Twitch au mois d'avril. Encore méconnu en début d'année dernière, ce Rennais de 21 ans s'est retrouvé à présenter la cérémonie des Flammes sur sa plateforme de prédilection.

Habitué à mélanger humour et jeux vidéo sur sa chaîne, Anyme023, Maxence Turlot a explosé les compteurs avec une parodie de *Temps en temps* de Koba LaD et Zola. Découpée puis partagée sur TikTok par l'un de ses abonnés, son imitation a été tellement reprise qu'elle a contribué à une hausse de 42 % des écoutes du morceau sur Spotify.

Grâce à un buzz *« pas du tout calculé »*, selon ses propres termes, le jeune homme qui étudiait dans une école de communication et de marketing a pu arrêter de travailler chez McDonald's le week-end pour se concentrer sur la création de contenu. En juin, il est devenu le premier streamer français avec 70 000 spectateurs constants avant d'être le plus vu au monde sur Twitch l'espace d'un live. Un mois plus tard, son live au festival belge les Ardentes, à Liège, a attiré tellement de monde qu'il a en partie vidé la scène de Gucci Mane, qui jouait au même moment. Un triomphe.

LE LIEU DE L'ANNÉE : L'EVEREST D'INOXTAG

IMAGE : ©ULYCES

À peine redescendu de la montagne la plus haute au monde, Inoxtag s'est hissé au sommet de l'Internet français. Depuis sa publication en septembre 2024, le documentaire qui revient sur son ascension de l'Everest, a été vu plus de 43 millions de fois, un record. Si certains alpinistes ont relativisé la performance et que le dérèglement climatique ne faisait pas vraiment partie de l'expédition, Inès Benazzouz s'est découvert une passion et un filon à 8 849 mètres d'altitude. En mai 2025, il a repris de la hauteur en grimpant l'aiguille Verte, un sommet du Mont-Blanc qui culmine à 4 122 mètres d'altitude. Et en juillet, il a annoncé sa volonté de traverser l'Atlantique à bord d'un navire sans moteur.

L'OBJET DE L'ANNÉE : LE FAUTEUIL DE KAMETO

IMAGE : ©ULYCES

Depuis que le champion de l'e-sport s'est mis au sport, sa chaise a fait son retour dans ses streams. Alors qu'il avait atteint les 180 kilos, Kameto a annoncé en avoir perdu 40 en avril 2025. Ses abonnés lui ont alors fait remarquer, avec malice, qu'ils pouvaient enfin voir le fauteuil depuis lequel il streamait. Un autre siège lui reste néanmoins inaccessible. Dans l'optique du GP Explorer 3, Kameto a essayé de se glisser dans une Formule 4, en vain. *« Mes épaules sont très larges »*, constatait-il. *« En fait, on me dit que, même si j'avais mon poids de rêve, il y a de grandes chances que ça ne passe pas. »* L'essentiel reste qu'on continue à voir son fauteuil de gamer.

LA CITATION DE L'ANNÉE :

« Rüdiger, à mon prime, je l'enc*** »

ADIL RAMI SUR TWITCH

Quand Antonio Rüdiger a signé au Real Madrid, en 2022, Adil Rami était déjà parti du championnat d'Espagne depuis quelques années. Il s'apprêtait même à raccrocher les crampons après une dernière pige à Troyes. Les deux défenseurs ne se sont donc jamais affrontés. Mais l'ancien international français converti au streaming estime avoir atteint un meilleur niveau que l'Allemand. *« À mon prime, je l'enc*** »*, a assuré Rami sur Twitch en février 2025.

10 COMPTES POUR VOUS CONVAINCRE D'INSTALLER TWITCH

AmineMatue

Le patron de la Kings League met désormais sa franchise et son sens de la formule au service du tournoi de football le plus dingue d'Internet.

Anyme

S'il a explosé avec sa parodie de *Temps en temps* de Koba LaD et Zola, ce Rennais est un touche-à-tout. Il alterne parties de Minecraft, de *Bus Simulator*, de *Just Dance* avec des sessions cuisine ou poterie. Entre autres.

Cocotte

Réputée pour sa spontanéité, cette fière Québécoise a su se faire aimer des Français, qui l'ont invitée au GP explorer 2, puis à nouveau au GP Explorer 3.

Deujna

Avec son chat Ragnar, cette habituée du ZeEvent partage ses coups de cœur, qu'il s'agisse de jeux, de dessins animés ou de voyages.

Samuel Etienne

Le journaliste de 54 ans allie parties de *Valorisant* ou de *Call of Duty* à des revues de presse, en évoquant parfois les coulisses de la télévision.

Baghera Jones

Contrairement à ce qu'affirme sa signature Twitch, « *On fait rien et c'est rigolo* », la Suissesse est ultra prolifique. Elle aime aussi bien tester des jeux - comme *Clair obscur : Expédition 33* - qu'échanger avec sa communauté, participer à des vidéos en collaboration avec d'autres streamers ou lancer des projets caritatifs.

LittleBigWhale

Au fil des ZEvent, cette grosse fan de FPS et de karaoké a démontré ses qualités de chanteuse. En juin, elle a sorti son premier EP, *Un million de choses.*

Maghla

Sans se départir de sa passion pour les jeux d'horreur, la streameuse a élargi sa palette pour parler d'un tas de sujets comme la mode, les gossips ou la santé mentale, le tout avec beaucoup d'humour. En janvier, elle est devenue la première streameuse française à atteindre le million d'abonnés sur Twitch.

PapeSan

Le vidéaste français parcourt la planète avec son appareil photo et filme ses rencontres.

Adil Rami

L'ancien footballeur français a trouvé de quoi s'occuper depuis sa retraite sportive. Il publie aussi bien des analyses que des interviews, des lives sur *Call of Duty* ou les directs de la Kings League.

IMAGE : ©BUREAU OF IMMIGRATION

COMMENT UN STREAMER AMÉRICANO-RUSSE S'EST RETROUVÉ EMPRISONNÉ AUX PHILIPPINES

IMAGE : ©BUREAU OF IMMIGRATION

Sur sa chaîne YouTube *VitalyzdTv*, Vitaly Zdorovetskiy organisait des opérations pour coincer des pédophiles présumés avec la complicité de rappeurs américains comme YG, Quavo ou Ty Dolla Sign. Alors qu'il filmait une série de vidéos dans les rues de Manille, aux Philippines, le streamer russe a été arrêté par les autorités le 3 avril 2025. Une plainte l'accuse de *« vexation injuste »*, de *« harcèlement public »* et de *« vol et tentative de vol »*. Selon le *Daily Mail*, il risque jusqu'à 24 ans de prison.

Né à Mourmansk en Sibérie, en 1992, Vitaly Zdorovetskiy a déménagé aux États-Unis à l'âge de 14 ans. Après une pige dans le monde du skateboard, et un détour par la case porno, le jeune homme a misé sur les réseaux sociaux pour se faire connaître. Un objectif atteint en 2012 avec une vidéo où il joue au zombie dans les rues de Miami. Prêt à tout pour générer du clic, Zdorovetskiy s'est fait une spécialité des farces plus ou moins agressives et des traques de pédophiles présumés. Certaines de ces opérations sont suspectées d'avoir été montées de toutes pièces.

Aux Philippines, le streamer russe très populaire sur la plateforme Kick, avait commencé à tourner des vidéos où il proposait de l'argent et insultait des passants avant d'être arrêté. Sur l'une d'elles, on peut aussi le voir se moquer d'agents de sécurité et jouer avec leurs casquettes. Un comportement qui aura sans doute alerté les autorités locales. À moins qu'il ait commis d'autres méfaits hors caméra.

LA PIRE BRÈVE DE L'ANNÉE : LE YOUTUBEUR CHICKENDOG FAIT LA QUEUE 2 MOIS POUR LA SWITCH 2

Les aventures des youtubeurs jeux vidéo ne sont pas toutes dignes de leurs héros. Le 6 avril 2025, l'influenceur américain ChickenDog a annoncé qu'il passerait deux mois devant la boutique Nintendo de New York pour être sûr d'être le premier à se procurer la Switch 2. Chaque journée de son attente trépidante a ainsi été documentée dans une vidéo. Pour les nuits, c'est une autre histoire, puisque le jeune homme a été relayé par des amis afin de ne pas dormir sur le pavé. Son défi était donc aussi portable que la console.

LE PIRE TWEET DE L'ANNÉE : « *We found him for real* » AQABABE À PROPOS DE XAVIER DUPONT DE LIGONNÈS

IMAGE : ©ULYCES

Aniss Zitouni maîtrise mieux les codes des réseaux que ceux des affaires criminelles. *« We found him for real »*, traduisez « on l'a vraiment retrouvé », a tweeté l'influenceur français mieux connu sous le pseudo d'Aqababe, le 26 avril 2025. En une semaine, l'enquête de ses *« chipies worldwide »* aurait permis de retrouver Xavier Dupont de Ligonnès, l'assassin présumé de sa femme et de ses quatre enfants, tués en 2011. Rien ne permet pourtant de l'affirmer. Dans un communiqué publié le 28 avril, le procureur de Nantes indique qu'*« aucun élément factuel et vérifiable n'a été porté à la connaissance de la juridiction nantaise, pas plus qu'aux services de police saisis, par qui que ce soit, et pouvant attester de la réalité de ces informations ».* Au lieu d'aider à la manifestation de la vérité, Aqababe a participé à une campagne de harcèlement. Parmi les documents partagés par sa communauté, on trouve un faux acte notarié où figure le nom de Xavier Dupont de Ligonnès et celui d'un streamer. Ce dernier a fait l'objet d'une campagne de harcèlement. D'une chasse à l'homme à une autre.

Chapitre 08

HUMOUR

Supreme

FÜSØ

I ♥
PERU

COMMENT LE GOAT ALAIN CHABAT A (ENCORE) SAUVÉ ASTÉRIX

IMAGE : ©NETFLIX

Plus de 20 ans après avoir mis des baffes au cinéma français avec *Mission Cléopâtre*, Alain Chabat remporte *Le Combat des chefs*. En réussissant sa version animée de l'album de 1966, Môssieur Chabat s'affirme comme le digne successeur de Goscinny et d'Uderzo.

« Récemment, je me suis amusé à écrire un script d'Astérix »

Alain Chabat a bien failli garder la formule magique pour lui. S'il ne s'était pas rendu à la Cinémathèque française de Paris, il y a huit ans, *Le Combat des chefs* ne serait peut-être jamais sorti dans 190 pays sur Netflix. Et au lieu de connaître un succès international en 2025, cumulant plus de 10 millions de vues en autant de jours et se hissant dans le Top 10 de 70 territoires, le projet aurait pu rester longtemps sur son bureau.

Ce 7 octobre 2017, un autre album mis à l'écran est à l'honneur. À l'occasion des quinze ans d'*Astérix et Obélix : Mission Cléopâtre*, son réalisateur assiste à une projection du film en 35 millimètres. Puis, il monte sur scène pour en raconter l'histoire. *« Je n'ai pas changé, quand je me revois à l'écran, c'est dingue »*, plaisante l'interprète de Jules César, dont le visage est mangé par une barbe grise presque assez longue pour rappeler Panoramix. En tout cas, sa passion pour la bande dessinée de René Goscinny et Albert Uderzo n'a pas pris un cheveu blanc.

Face à une salle avide d'anecdotes de tournage, Chabat se laisse aller à une confidence. « *Récemment, je me suis amusé à écrire un script d'Astérix* », confie-t-il au micro. *« C'était à un moment où je n'écrivais pas. Bref, je ne vais pas vous raconter ma vie. J'ai eu une période un peu compliquée. J'avais envie d'écrire, mais je ne savais pas quoi. J'avais envie de faire des gammes. Et du coup j'ai écrit un traitement. Et c'est tellement marrant. C'est toujours bien, c'est toujours d'actualité. »* L'ancien membre des Nuls refuse de dire de quel album il s'agit. Mais son intervention à la Cinémathèque est filmée. Et elle va susciter la curiosité des Éditions Albert-René, qui gèrent les droits d'Astérix et Obélix.

Son patron, Céleste Surugue, s'empresse de partager la vidéo avec Isabelle Magnac. La directrice générale de Hachette Illustré, qui a racheté la maison d'édition fondée par Albert Uderzo en 2008, se rapproche d'Alain Chabat et lui demande son traitement. Le document d'une trentaine de pages est *« génial »*, s'emballe Céleste Surugue.

Alors que les adaptations d'*Astérix aux Jeux olympiques* (2008) ou d'*Astérix et Obélix : Au service de Sa Majesté* (2012) s'étaient soldées par des échecs, Alain Chabat hésite. Isabelle Magnac lui suggère alors de mettre sa recette inimitable au service d'une série d'animation 3D. Mais l'idée n'est pas de racler la vieille marmite de *Mission Cléopâtre*. Plutôt que de faire voyager les Gaulois en Égypte et de confier leurs rôles à des acteurs, il va les animer dans leur village, à l'aide du studio toulousain TAT Productions.

Sorti le 30 avril 2025 sur Netflix et disponible dans 190 pays et 38 langues, *Astérix et Obélix : Le Combat des chefs* reçoit un accueil dithyrambique de la presse. *Libération* salue *« une minisérie très réussix »*, *L'Humanité* parle de *« pépite d'humour »*, *Le Nouvel Obs* juge que *« Alain Chabat réussit sa potion magique »* et *Le Parisien* applaudit *« un feu d'artifice de bonnes idées novatrices, doublé d'une belle entreprise de modernisation de l'icône de la pop culture frenchy »*. La série *« a tout pour devenir un classique »*, s'enthousiasme le quotidien allemand *Frankfurter Allgemeine Zeitung* tandis que le *New York Times* salue le travail sur l'animation et les couleurs. Dès le 11 mai, l'œuvre en 5 épisodes de 30 minutes cumule 10,1 millions de vues dans le monde. Alors qu'une légion de scénaristes se sont cassé les dents sur la bande dessinée, seul Alain Chabat parvient à mettre tout le monde d'accord.

Le César du meilleur acteur dans un second rôle pour *L'Amour ouf* n'est pourtant pas jaloux de sa recette comme Panoramix. Il revendique avant tout une fidélité au trait et à l'esprit de Goscinny et d'Uderzo. *« Prenez un album, vous décalquez, c'est fait »*, s'amuse-t-il à la Cinémathèque. Pour *Mission Cléopâtre*, *« je suis vraiment parti de l'album et j'ai regardé ce qu'on mettait entre les cases »*, décrit-il aussi. En d'autres termes, *« j'ai fait un scénario en recopiant l'album »*.

Il faut dire que l'univers des Gaulois lui est très familier. *« C'est un fin connaisseur de la bande dessinée franco-belge et d'Astérix en particulier »*, constate Céleste Surugue. *« Il a une vraie passion et une vraie envie de retrouver des plaisirs d'enfant. »* Né à Oran en 1958, Alain Chabat débarque en région parisienne à l'âge de 5 ans. Il grandit à Bobigny, où vit aussi Albert Uderzo, en rêvant de suivre ses pas de dessinateur. *« Ma marraine m'avait offert* Astérix le Gaulois*, que j'ai toujours, dans un état… »*, raconte-t-il. Le garçon court chaque jeudi acheter le magazine *Pilote*, où il retrouve les aventures de l'Armoricain.

« Je suis vraiment parti de l'album et j'ai regardé ce qu'on mettait entre les cases »

Devenu comédien, Chabat passe derrière la caméra pour la première fois avec *Didier* (1997). Le producteur du film, Claude Berri, a obtenu l'accord de Sylvie Uderzo et d'Anne Goscinny pour transposer la bande dessinée au cinéma. Après avoir confié *Astérix et Obélix contre César* (1999) à Claude Zidi, il propose à Alain Chabat de réaliser un deuxième long-métrage. Occupé à l'écriture d'un scénario, ce dernier refuse dans un premier temps. Mais c'est finalement son âme d'enfant qui prend le dessus.

Sur les conseils de Claude Berri, qui ne regarde pas à la dépense, Chabat s'empare du sixième album de la bande dessinée, *Astérix et Cléopâtre*, et en fait un énorme succès du box-office. Plus de 14 millions de personnes voient *Mission Cléopâtre* en salle. Seuls sept films français ont fait mieux. Cela valait bien une projection à la Cinémathèque, en 2017, pour fêter les 15 ans de sa sortie.

Entre-temps, l'ancien Nul a réalisé *RRRrrrr!!!*, *Sur la piste du Marsupilami* et *Santa et Cie* sans perdre le contact avec les éditions Albert René, ni avec Anne Goscinny, la fille de René, qui le tient en haute estime. *« Je lui fais confiance à 2000 % »*, a-t-elle confié à *Ouest France*. *« Il a l'oreille absolue de cette œuvre et est ce qui lui est arrivé de mieux. Il ne lui fera que du bien. Il a l'humour de mon père et une connivence avec lui. »* Cela tombe bien, puisque Chabat a toujours eu envie de faire un autre Astérix.

Alors que Guillaume Canet travaille sur *Astérix et Obélix : L'Empire du Milieu,* un nouvel échec à 66 millions d'euros, Chabat s'efforce de trouver un moyen original de réinterpréter *Le Combat des chefs*, un album où le ciel menace de tomber sur la tête des Gaulois comme jamais. Pour soumettre le dernier village d'irréductibles, Jules César tend un piège : il envoie un chef gallo-romain défier Abraracourcix en combat, en sachant que Panoramix a perdu la raison et, partant, la recette de la potion magique.

« Il a l'oreille absolue de cette œuvre et est ce qui lui est arrivé de mieux. Il ne lui fera que du bien. Il a l'humour de mon père et une connivence avec lui »

L'idée de passer par l'animation plaît à Chabat. *« Ça a résonné avec son rêve d'enfant de devenir Walt Disney »*, observe Céleste Surugue. *« C'est quelqu'un qui dessine très bien. »* Pour l'aider, les éditions Albert René font appel à Netflix, qui lui soumet une liste de studios. Il y en a un que Chabat connaît. En 2002, les Toulousains de TAT Productions lui avaient envoyé leur petit film, *Le Vœu*. La loi de l'époque obligeant les cinémas à passer un court-métrage en début de séance, Chabat en avait fait le prélude de *Mission Cléopâtre*. Et c'est donc à eux qu'il fait confiance, 20 ans plus tard, pour mettre *Le Combat des chefs* en mouvement.

Le casting des voix est à la hauteur de celui rassemblé par Claude Berri. Gilles Lellouche, Jean-Pascal Zadi, Jérôme Commandeur, Laurent Lafitte, Thierry Lhermitte, Anaïs Demoustier, Grégoire Ludig, Géraldine Nakache, Fred Testot, Jeanne Balibar, Stéfi Celma, Alexandre Astier, Pio Marmaï, David Marsais et même Jamel Debbouze prêtent leurs voix aux personnages. Autant de comédiens qui ont aidé Alain Chabat, et son coréalisateur Fabrice Joubert, à composer un style naturaliste, mélange de cartoon et de jeu d'acteurs.

« Les talents qui sont venus s'ajouter ont permis à cette très bonne histoire de prendre corps et de dépasser toutes nos attentes », indique Céleste Surugue. Anne Goscinny n'est pas étonnée du succès de la série, elle qui a sans cesse l'impression que l'esprit de son père habite Alain Chabat. À telle enseigne qu'elle aimerait le voir continuer *Astérix au Cirque*, un album inachevé par René Goscinny. Du côté des éditions Albert René, on ne serait pas contre un autre projet audiovisuel. *« Il y a de quoi faire avec les albums »*, note Céleste Surugue. Chabat n'en a peut-être pas fini avec Astérix.

PAF!

MALIK BENTALHA : « INTERNET M'A PERMIS DE ME RÉINVENTER »

IMAGE : ©FIFOU

En renouant avec sa passion pour la parodie, Malik Bentalha a réussi à oublier la dépression et à toucher le cœur du public. Une thérapie par l'humour qu'il raconte dans son spectacle, *Nouveau Monde*.

Comment s'est passée ton année ?

C'est la première année de ma jeune carrière où je me sens vraiment aligné avec ce que je fais. Je me concentre sur des choses qui me parlent, sans concession. Quand tu démarres dans le métier, tu essayes de plaire à tout le monde. Donc tu te perds parfois, tu t'oublies. Cette année j'ai vraiment fait ce qui me faisait kiffer. Je me suis rendu compte que quand tu es vraiment en phase avec qui tu es, ça t'ouvre directement le cœur du public. C'est quelque chose qui n'a pas de prix.

C'est plus facile à dire quand ça marche…

Même si ça n'avait pas marché, j'aurais eu beaucoup moins de regrets parce que j'aurais été fidèle à moi-même. Je serais mort avec mes armes et mes idées, pas avec celles des autres. Je me serais livré.

À quoi mesures-tu ton succès ?

Il y a quelque chose qui est plus fort que les chiffres, c'est quand ce que tu fais te dépasse et entre dans la pop culture. Tu le vois quand on t'arrête dans la rue. C'est ce qui m'est arrivé après les parodies que j'ai publiées sur YouTube à partir de novembre 2023, que ce soit la vidéo sur Cnews, *L'heure de trop*, ou celle sur Jul, *La Bul*. Des extraits ont beaucoup circulé, on m'en parlait tout le temps, c'est là que je me suis rendu compte que ça marchait.

Comment le public a-t-il réagi à ton spectacle *Nouveau Monde* ?

Avant, les gens venaient me voir, ils me disaient que ça les faisait marrer et ça s'arrêtait là. Aujourd'hui, l'échange est plus profond. J'aborde des sujets qui touchent le public comme la santé mentale, la dépression. Beaucoup de personnes disent que ça leur fait du bien, que ça leur donne envie de parler, de s'émanciper. Le spectacle crée de la réflexion, et c'est pour moi sa plus belle réussite.

As-tu aussi eu de bons retours de ta famille ?

Oui, mes parents ont aimé le spectacle. Il y a quelques années, je me mettais la pression quand je savais qu'ils étaient dans la salle et je n'arrivais pas à me lâcher. Mais cette fois, ça s'est bien passé, j'ai moins appréhendé. J'ai dû gagner en maturité.

« Il y a quelque chose qui est plus fort que les chiffres, c'est quand ce que tu fais te dépasse et entre dans la pop culture »

Tes parents ont-ils eu une influence sur l'humoriste que tu es ?

C'est sûr. Mon père aimait les humoristes comme Pierre Desproges, il avait les cassettes des Inconnus, de Gad Elmaleh. J'ai même le souvenir d'être sur le siège bébé de la voiture et d'entendre Rire et chansons. À l'école, je n'avais pas beaucoup d'armes pour lutter, donc j'ai essayé de m'en servir. La classe était ma première salle de spectacle.

Tu es arrivé à Paris à 18 ans. Comment ça s'est passé ?

Ma mission était de faire carrière dans l'humour. C'était mon rêve. J'avais une insouciance qui me permettait de faire du porte-à-porte dans les cafés-théâtres sans penser à ce qui pouvait se passer si je ratais. Je vivais un rêve éveillé. Je sortais de ma province et j'étais dans la plus belle ville du monde en train de faire des sketchs, de rencontrer de nouveaux amis, de connaître un nouvel univers. Je savais ce que je voulais et je faisais tout avec le sourire. Ça m'a permis de rencontrer Jamel Debbouze, d'intégrer le Jamel Comedy Club et de faire sa première partie. C'était une fierté, je n'aurais pas pu l'imaginer dans mes rêves les plus fous. J'ai eu la chance de recevoir ses conseils et c'est un peu grâce à lui si j'en suis là aujourd'hui.

Quand as-tu perdu ton insouciance ?

C'est quelque chose que tu peux perdre et retrouver selon les moments. Mais j'ai commencé à être moins tranquille quand j'ai dû me structurer. Je n'ai reçu aucune formation pour gérer l'argent, signer des contrats, choisir mon entourage. À partir du moment où ton cerveau est moins focus sur ton art, tu perds un peu de spontanéité. Il faut en prendre conscience et arriver à faire la part des choses. Avec l'expérience, tu te crées ton équipe de confiance. Et tu essayes de rester concentré sur ta passion.

« Une personne ayant la même vision de la vie à 20 ans et à 50 ans a perdu 30 ans de sa vie »

Tu as monté deux spectacles, on a pu te voir au cinéma, puis tu as coréalisé ton premier film, *Jack Mimoun et les Secrets de Val Verde*. Comment as-tu vécu sa sortie ?

J'avais passé presque quatre ans de ma vie à travailler sur ce film et, le premier jour, on m'a dit que les chiffres n'étaient pas bons. C'était violent, genre : *« Bon, ça ne marche pas, au suivant. »* J'ai eu l'impression d'aller à l'abattoir, et ça m'a un peu chamboulé.

Comment est-ce que tu as rebondi ?

Je suis passé par des moments difficiles et, au bout d'un moment, j'ai réussi à me reprendre en main, à en parler à un professionnel, et à relativiser. Il ne faut pas oublier qu'on est des privilégiés et que, dans certains endroits du monde, tu peux dormir sans jamais te réveiller. C'est une boussole malgré tout. Il faut quand même remercier Dieu tous les jours pour ce qu'on fait, pour la chance qu'on a, et essayer d'aller de l'avant.

Y a-t-il eu des moments où tu t'es senti en décalage avec qui tu étais ?

Avec du recul, je me dis que tout ça fait partie de mon histoire. Je n'ai aucun regret. Si je suis passé par tous ces projets, c'est que je devais y passer, ça m'a permis d'être l'homme que je suis. Il y a une citation de Mohamed Ali que j'aime beaucoup qui dit : *« Une personne ayant la même vision de la vie à 20 ans et à 50 ans a perdu 30 ans de sa vie. »* Le plus important c'est d'évoluer, de comprendre la société qui nous entoure, de comprendre ce que tu veux faire, ce que tu veux devenir et de ne pas rester au même point. J'évolue, je grandis, je me trompe, ça fait partie du processus pour devenir un homme. J'essaye juste de faire en sorte qu'on soit fier de moi, de représenter les gens d'où je viens, je viens d'en bas et je ne veux pas oublier mes valeurs, mes principes. Je suis quelqu'un qui représentera toujours les plus démunis, ceux qui n'ont pas de voix. C'est ce que j'ai essayé de faire avec la parodie de Cnews et c'est ce que je vais continuer de faire.

IMAGE : ©FIFOU

« Je suis quelqu'un qui représentera toujours les plus démunis, ceux qui n'ont pas de voix »

Comment en es-tu venu à faire ces parodies ?

Comme je sortais d'un moment compliqué, j'ai voulu revenir à ce qui me faisait le plus marrer, à savoir mettre une perruque, trouver quelques bons acteurs et rigoler, le tout dans une économie saine et simple. YouTube est parfait pour ça. Il n'y a pas besoin de passer par 1 000 intermédiaires, tu crées quelque chose et tu peux le partager en totale liberté. C'est extraordinaire. Internet m'a permis de me réinventer. Mais ce n'était pas évident pour tout le monde au départ. Certains comédiens à qui j'ai proposé de participer ont décliné quand ils ont su que c'était pour ma chaîne YouTube. Ça a été une leçon de vie. Maintenant, je n'irai plus chercher les personnes à la mode ou sous le feu des projecteurs, je vais travailler avec des gens qui ont envie.

Pourquoi ta parodie sur Cnews a-t-elle aussi bien fonctionné ?

Quand j'étais jeune, les Guignols de l'info servaient d'exutoire face à la bêtise du monde. Ça te permettait de te sentir un peu mieux. Aujourd'hui tu n'as plus grand-chose. Et c'est vrai que l'humour est une arme redoutable. Cela dit, mon humour n'est pas politique, j'ai fait Jul, Jacquemus. Je fais avant tout des choses qui me parlent, qui me touchent et que je trouve drôles. Mais c'est vrai que la parodie de Cnews a donné le tempo. On ne m'attendait pas là-dedans. Ça a été presque un petit phénomène de société quand c'est sorti. Ça a été la première pierre symbolique de mon retour.

Est-ce que tu as pris ton spectacle, *Nouveau Monde*, comme une thérapie ?

Je l'ai écrit en cherchant le meilleur moyen de toucher les gens. Pour être sincère et entier, il faut parler de ce que tu as traversé. Donc j'ai décidé de revenir sur mon parcours et de dire la vérité. Et ça a marché.

LE GUIDE ULTIME DES VIDÉOS DE DAVA

Pour les 10 ans de DAVA (Divertissement *ad vitam aeternam*), Ulyces revient sur les meilleures vidéos de Sacha Béhar et d'Augustin Shackelpopoulos. Un ovni dans le paysage humoristique français.

Talis Qualis

Sacha Béhar et Augustin Shackelpopoulos se rejoignent en Sardaigne pour faire du « doomscrolling » et évoquer des projets comme un livre sur *« le petit chat antisémite Adolphe Litière »* ou une matinale de Gulli *« info, talk, comptine, biberon connecté, motricité »*. Un long sketch de 1 h 23 entrecoupé d'extraits de spectacles et d'une interview politique de haute volée.

5e jour à New York - Bilan shopping !

Augustin Shackelpopoulos se livre à un bel exercice de lip sync sur la voix d'une influenceuse ravie d'avoir écumé les boutiques de New York. À chaque achat évoqué, il sort un vêtement ou un accessoire pour le moins en décalage avec le thème de la vidéo.

Tybalt

Dans cette vidéo de 1 h 03, dont seuls certains extraits sont sur YouTube, Sacha Béhar reçoit *« l'humoriste qui a le plus de rires à la minute dans la région de France métropolitaine où on se suicide le plus »*, alias Augustin Shackelpopoulos.

URCDUC

Autre long format de DAVA, cette vidéo de 1 h 38 enchaîne les séquences presque vues à la TV pour singer la mise en scène de l'actualité. Elle comporte aussi un bel éloge de la liberté…

Chombo loco

Une discussion en tête-à-tête entre Sacha Béhar et Augustin Shackelpopoulos qui part dans tous les sens pour repousser les frontières de l'absurde.

Triade McDonald

Il est beaucoup question de sexe, de dépression et de désirs morbides dans cet échange plein d'humour noir. Augustin Shackelpopoulos avoue son penchant pour le porno à base d'antihistaminiques, et Sacha Béhar confie son envie de créer *« une application qui permettra aux juifs de contrôler les médias à distance »*.

On Coluche's passing

Avec un accent américain impayable, Augustin Shackelpopoulos revisite la mort de l'humoriste français à la sauce US.

T'es belle

Entre deux bouffées de cigarette électronique, Augustin Shackelpopoulos déroule une déclaration d'amour au mauvais goût irrésistible.

Fiche de lecture - Chanson Douce

La chronique la plus drôle et politiquement incorrecte de l'histoire de la littérature est signée DAVA. *« Il n'y a pas que les frères Kouachi qui ont perdu leur âme dans une imprimerie »*, lance Sacha Béhar en faisant semblant de critiquer le roman *Chanson Douce*, de Leïla Slimani.

Incendie de Notre-Dame, soirée complètement dingue

Augustin Shackelpopoulos revient sur la catastrophe survenue à Paris en 2019. À l'époque *« aux commandes sur Fréquence Mousquetaire »*, il s'apprêtait à lancer une promo sur les Barilla quand le monument a pris feu. Au moment où la flèche est tombée, la chanson *Les pouces en avant tchic et tchac, han han* résonnait sur ses ondes.

Welcome to DAVA's

Sacha Béhar et Augustin Shackelpopoulos présentent le restaurant italien de DAVA, dans une émission de cuisine qui a la main lourde sur le folklore.

L'OBJET DE L'ANNÉE : LE T-SHIRT « I LOVE PERU » DE RAPHAËL QUENARD

IMAGE : ©ULYCES

Habitué aux cérémonies depuis qu'il a remporté le César de la meilleure révélation masculine en 2024, le comédien Raphaël Quenard troque le smoking pour un T-shirt noir « I love Peru » dans le film éponyme, son premier derrière la caméra. Réalisé avec son ami Hugo David, ce film-documentaire suit sa quête spirituelle absurde dans le pays andin.

LE LIEU DE L'ANNÉE : LE STADE VÉLODROME DE REDOUANE BOUGHERABA

Il y a moins d'une demi-heure de métro entre le Panier et le stade Vélodrome, mais ça a presque été le trajet d'une vie pour Redouane Bougheraba. Né à Marseille en 1978, ce grand supporter de l'OM a longtemps fréquenté les tribunes de l'[illegible]ceinte avant de pouvoir en fouler la pelouse. Dans un documentaire publié en février 2025 sur Amazon Prime, *Du Panier à l'Orange Vélodrome*, l'humoriste partage son bonheur d'avoir pu y jouer son spectacle devant 40 000 personnes. Une façon pour lui de « finir le jeu ».

DISCUSSION AVEC NORDINE GANSO SUR LA VIRGINITÉ, LES COULEURS ET L'HUMOUR : « QUAND JE ME SUIS DÉPUCELÉ, ÇA M'A CHANGÉ »

En tournée dans toute la France avec son spectacle *Violet*, l'humoriste bordelais se prend un pressing sur les réseaux depuis que le nom de l'application Pornhub est apparue sur son portable en pleine interview. Il a accepté d'ouvrir l'appareil pour nous partager une partie de son intimité.

IMAGE : ©ADAM KFE

Comment est né ton spectacle, *Violet* ?

Dans mon premier spectacle, *Fragilement drôle*, je parlais du fait que j'étais vierge. Quand je me suis dépucelé, ça m'a changé. Je n'étais plus en phase avec les thèmes, donc j'ai cherché à écrire quelque chose qui me ressemblait plus.

Pourquoi tu l'as appelé *Violet* ?

J'ai mis presque dix ans à trouver mon identité. Pendant les premières années, j'étais bon sur scène, mais je ne sortais pas du lot. On me comparait à Fary, juste parce qu'on était tous les deux métis et qu'il n'y en avait pas beaucoup. C'est un thème dont je voulais parler avec autre chose qu'un titre banal. Je me suis intéressé aux couleurs et j'ai découvert que le violet était ce qui me correspondait le mieux. C'est un mélange de rouge et de bleu, et je suis un mélange de rebeu et de renoi. J'ai commencé à m'habiller tout le temps en violet et on m'a pris pour un ouf. Mais à force de travailler cette DA et de la mettre en avant sur Internet, ça a pris, c'est devenu un gimmick. J'ai envoyé un virus, les gens l'ont attrapé.

Et toi, comment as-tu attrapé le virus ?

J'ai grandi à Cenon, juste à côté de Bordeaux. Mon père est congolais et ma mère maroco-algérienne. Ils m'ont donné le sens de l'humour, de la légèreté et de l'humilité. Il n'y a pas longtemps, mon père m'a dit : *« plus tu seras humble, et plus Dieu te donnera. »* Et c'est vrai, depuis que j'ai commencé ce métier, mon humilité est grande. Plus je me sens proche des gens, plus il m'arrive de bonnes choses.

Quelles étaient tes inspirations ?

J'ai commencé à kiffer l'humour avec le Jamel Comedy Club. J'avais envie d'en faire partie, d'être ce gars qui fait du stand up et qui arrive à raconter ses problèmes tout en étant léger.

Quel rôle ont joué les réseaux dans ton parcours ?

J'ai commencé à capter leur importance au Paname Art Café. Là-bas, il y avait Redouane Bougheraba qui commençait à se faire connaître. Pendant le confinement, il m'appelle et me dit : *« frérot, arrête de faire le mannequin avec tes photos, les gens ont envie de rigoler, tu devrais en profiter pour publier des vannes. »* Ça a été un déclic. J'ai commencé à faire des vidéos toutes les semaines, et je n'ai pas lâché. Sans les réseaux, je n'aurais pas eu de visibilité, je n'aurais rien eu de tout ce que j'ai aujourd'hui. C'est ça qui fait que les gens me connaissent et que ça marche pour moi. C'est Internet qui décide aujourd'hui.

C'est quoi le meilleur DM que tu aies reçu ?

Je reçois parfois des remerciements de la part de personnes qui se sont rencontrées à mon spectacle et qui sont toujours en couple. Ça me touche. J'essaye de répondre à tout le monde. Je me prends la tête pour que les gens se disent : *« ce gars est proche de son public »*.

Jusqu'où peux-tu aller pour vanner ton public ?

Sur scène, je vanne toujours les spectateurs, mais je ne vais jamais là où les gens ne sont pas à l'aise. Ce sont des impros qui sont presque écrites, je sais à qui je parle et sur quoi je veux échanger. Je suis un humoriste gentil, et je suis content de voir que ça marche.

LA CITATION DE L'ANNÉE :

« Éric Judor est l'homme de ma vie »

Ramzy Bedia, dans l'émission C à Vous

IMAGE : ©FRANÇOIS ALQUIER

Quand ils ont commencé à monter sur scène ensemble, dans les années 1990, Éric Judor et Ramzy Bedia on fait le pacte de ne jamais jouer dans des films sérieux. « *J'ai brisé le pacte* », a reconnu le second dans une émission spéciale

mai 2025. Pour se faire pardonner, le comédien s'est lancé dans une déclaration d'amour à son compère rencontré en 1994. « *Je suis avec Éric encore tous les jours et on n'a pas bougé, c'est toujours un plaisir d'être avec lui. C'est l'homme*

LA REMONTADA DE L'ANNÉE : LAURENT BAFFIE

IMAGE : ©ULYCES

À 66 ans, Laurent Baffie connaît une seconde jeunesse. L'ancien sniper des émissions de feu Thierry Ardisson à la télévision tire maintenant une bonne part de sa popularité de caméras cachées et de micros-trottoirs partagés sur Internet. Au fil de ses interviews de rue, l'humoriste suivi par 1,2 million de personnes sur Instagram a aussi composé un documentaire, *Vox Populi*, où il donne la parole aux Français. Et il continue à les faire rire dans son podcast, *Coloscopie*.

LAURA FELPIN : « ET EN N'ENTENDANT PLUS RIEN, ON ENTEND TOUT »

« Hors de la vie pour 24 h, c'est rien, et pourtant en étant hors du monde une fraction de seconde, j'ai presque l'impression d'en faire mieux partie »

IMAGE : ©PUNX

Alors qu'elle était à l'affiche de *L'amour c'est surcoté*, en mars 2025, Laura Felpin a partagé une vidéo sur son compte Instagram. Depuis la fenêtre d'une chambre d'hôpital, on voit les passants défiler et le chant des oiseaux les accompagne. « *Il me faut donc l'expérience de la radioactivité pour me couper du bruit du monde. Et en n'entendant plus rien, on entend tout* », écrit-elle. C'est à l'écart de la vie qu'on en saisit mieux l'intensité.

Atteinte d'un cancer de la thyroïde, l'humoriste alsacienne doit entrecouper les tournages de séjours à l'hôpital. « *J'ai dit que la maladie faisait partie de la vie, et ils n'ont fait que me parler de la maladie, alors que c'est précisément de la vie dont il s'agit* », écrit-elle. Son cancer, qu'elle dit « *très bien pris en charge par la médecine* », est une expérience qui l'incline au recul.

« *Fenêtre grande ouverte dans cette chambre abîmée, j'y trouve presque quelque chose de confortable, et qui connaît les draps en polyester mesure toute la puissance de ce sentiment* », poursuit-elle. « *Il y avait ce matin trois femmes avec moi, parce que bien sûr, c'est une "affaire de femme" ça aussi. Quatre femmes d'un âge différent, et c'est marrant en nous voyant, j'ai pensé qu'on avait toutes presque l'air bâties pour ce qui nous arrive : gélule magique qui libère et détruit. Un mercredi matin quoi.* »

L'ancienne membre de Golden Moustache ajoute : « *On a écouté les consignes en gros : n'approchez personne, vivez recluses, restez seules. Ça pourrait ressembler à un stage de développement personnel, et pourtant, dans cette histoire il n'y avait rien de personnel, avant qu'ils ferment les portes on s'est dit "bonne chance". Je crois qu'il n'y a rien qui me bouleverse plus que de ne pas avoir besoin de se connaître pour qu'on se sache toutes exister, presque tendrement et derrière les murs de plombs, ça ressemblerait presque à une communion* ».

Des femmes, il en est pour la soutenir, de Clara Luciani à Juliette Armanet en passant par Natoo. Toutes lui ont envoyé des cœurs sur Instagram, le réseau qui a lancé sa carrière. « *Hors de la vie pour 24 h, c'est rien, et pourtant en étant hors du monde une fraction de seconde, j'ai presque l'impression d'en faire mieux partie* », confie aussi Laura Felpin. « *Des gens vont se soir quelque part, moi je reste là, et ça me va. Je repense à cette phrase de Bobin que j'ai entendu dans une interview : "Tout est bien comme ça". Il est bien ce stage de dév. perso. finalement.* »

DISCUSSION AVEC STÉPHANE MALASSAGNE : LE VAINQUEUR DE L'ÉMISSION LOUPS-GAROUS NOUS DONNE SES CONSEILS POUR CROQUER TOUS LES VILLAGEOIS

Auteur du *Guide du charisme* (octobre 2025), le coach le plus célèbre d'Internet a remporté le jeu Loups-Garous, diffusé à partir de fin 2024 sur Canal+. Il revient sur ce titre bien mérité.

IMAGE : ©STEPHANE MALASSAGNE

Pourquoi as-tu été choisi comme candidat de Loups-Garous ?

Ils avaient des gens très sérieux, comme l'espion ou la journaliste, et ils cherchaient un profil plus divertissement. Je sais qu'ils ne misaient pas beaucoup sur moi et que j'étais là pour amuser la galerie. Ils me l'ont dit.

Quels sont les atouts pour gagner ce jeu ?

Je dirais, avoir une énorme bite… Non, franchement, je pense qu'il faut être vraiment détaché des enjeux, de la caméra, de l'émission. Il y avait quand même une grosse pression, c'était la première fois que Canal + faisait un jeu comme ça. On nous retirait nos téléphones, on venait nous voir toutes les deux secondes dans nos chambres, on était contrôlés.

Avais-tu une stratégie ?

La dernière fois que j'ai joué au Loups-Garous, j'avais 18 ans. Je ne me souvenais plus des règles, ni même de la différence entre loups et villageois. Je me disais que c'était un jeu de manipulation et qu'il allait falloir mentir. Je n'avais aucune stratégie. L'idée était de se fondre dans la masse, d'observer un peu les gens, d'improviser et de tâcher de ne faire peur à personne. Je jouais un peu le naïf, je faisais de petites blagues. À la fin, l'étau s'est resserré, mais j'avais gagné la confiance des autres candidats.

Quelle était ta morning routine ?

C'est toujours la même : je me lève et je pars dans la vie.

Comment expliques-tu ta victoire ?

En tant que comédien, j'ai l'habitude de jouer les personnages. C'est un avantage, mais ça peut être un peu dérangeant car on se racontait aussi un peu nos vies privées quand la caméra ne tournait pas. À la fin, certains se demandaient ce qui était vrai ou faux. Est-ce que j'avais vraiment des enfants ?

As-tu gardé des liens avec des candidats ?

Je suis toujours en contact avec Edwin, Dylan et Charlie. En revanche, certains m'en ont voulu. Quand ça s'est fini, j'ai tenu à préciser que c'était de la comédie. Mais une personne m'a dit qu'elle ne voulait plus que je lui adresse la parole. Elle ne m'a plus parlé jusqu'à l'avant-première au Grand Rex.

Cette expérience t'a-t-elle changé ?

Franchement pas du tout. Mais ça a changé mon portefeuille sur 2-3 mois.

ILS NOUS ONT CHOQUÉS CETTE ANNÉE

Malik Bentalha

Relancé par ses parodies sur YouTube, ce grand fan du PSG a cartonné avec son spectacle *Nouveau Monde*.

Redouane Bougheraba

Premier humoriste à faire le stade Vélodrome, le Marseillais est revenu sur ce « *rêve* » dans le documentaire *Du Panier à l'Orange Vélodrome*, disponible depuis février. Il a aussi réalisé son premier film, *Délocalisés*, avec son frère Ali.

Laura Felpin

Annick du « *Flambeau* » a bien changé. Après son Molière de l'humour en 2023, elle s'est taillé une vraie place au cinéma. Cette année on peut la voir dans *Bref 2*, *L'amour, c'est surcoté* et *Banger*.

Franck Dubosc

Le réalisateur d'*Un ours dans le Jura* a créé un grand moment en s'auto-décernant un mini César lors de la 50e cérémonie.

Haroun

L'ancien pensionnaire du *Jamel Comedy Club* s'affirme comme le maître de l'humour noir avec son spectacle *Bonjour quand même* et sa série de vidéo YouTube, *La vie d'artiste*.

Elena Nagapetyan

Née en Ouzbékistan et élevée en Russie, cette trentenaire d'origine arménienne est devenue en quelques mois l'une des humoristes françaises les plus en vue. Son spectacle *Ça valait le coup* affiche complet à chaque date.

Raphaël Quenard

Le César de la révélation masculine en 2024 publie cette année son premier roman, *Clamser à Tataouine* et réalise son premier long-métrage, *I Love Peru*, un bijou d'absurdité.

Alison Wheeler

L'ancienne chroniqueuse de Canal+ et de France Inter a fait L'Olympia en janvier. Elle jouait son spectacle *La Promesse d'un soir*, qui lui a valu le Q d'Or de l'humoriste féminine de l'année.

Cette liste couvre la période de septembre 2024 à juillet 2025

Chapitre 09

STYLE

HERMÈS
PARIS
MADE IN FRANCE

coperni
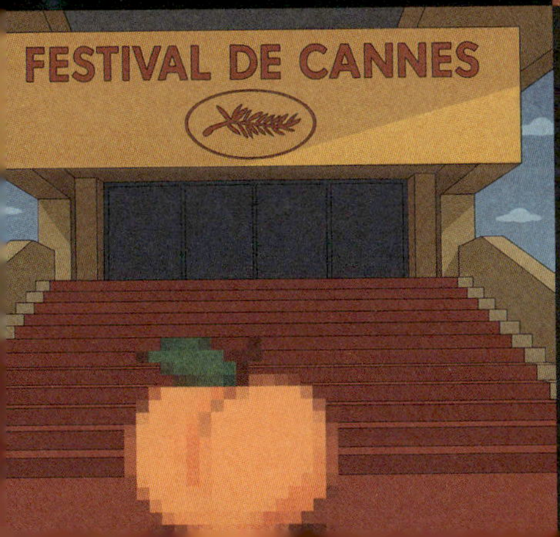
FESTIVAL DE CANNES

ENQUÊTE SUR LA PROPAGANDE CHINOISE SUR TIKTOK : LE LUXE FRANÇAIS EST-IL VRAIMENT FABRIQUÉ EN CHINE ?

Frappées par la hausse des taxes américaines, les usines chinoises ont dans la foulée été défendues sur TikTok : ce sont elles qui fabriqueraient la plupart des produits de luxe. Les marques démentent. Mais la Chine n'est pas que le pays de la contrefaçon.

Une blouse blanche glisse comme une ombre derrière les vitres d'un immeuble de Pantin, à deux pas du périphérique parisien. Entre les murs en briques du bâtiment, le contremaître de cet atelier cinq étoiles passe de salle en salle et finit par s'arrêter à hauteur d'une table où les lanières entrelacées ressemblent à une assiette de pappardelle marron. Avec la dextérité d'un chef, il attrape une de ces sangles et son visage en prend la couleur. Il y a un défaut. Les maroquiniers qui sont aux prises avec des chutes de textile autour de lui vont avoir un peu de travail supplémentaire. À 17 000 euros l'unité en moyenne, les sacs Birkin de Hermès ne peuvent souffrir aucune anomalie.

En 2013, la maison française, dont le siège historique se trouve dans la très chic rue parisienne du Faubourg Saint-Honoré, a ouvert un atelier et un centre de formation à Pantin. Pour répondre à une *« forte demande »*, dixit le directeur général Guillaume de Seynes, la marque de luxe dispose également de sites à Nontron (Dordogne), Bussières (Loire) ou Challes (Sarthes), entre autres. *« Plus de 60 % des collaborateurs sont employés en France »*, se targue son site internet.

Mais au printemps dernier, ce chiffre a été éclipsé par un autre. Dans une vidéo partagée sur TikTok en avril 2025, un homme qui se fait appeler Wang Seng assure, en anglais, que *« plus de 80 % des sacs de luxe dans le monde sont fabriqués en Chine »*. Vu par plus de 6 millions de personnes, avant d'être supprimé puis republié, son message est corroboré par une kyrielle de contenus similaires sur l'application. Certains critiquent les tarifs douaniers de 145 % imposés par Donald Trump à Pékin, et tous encouragent les consommateurs à se fournir directement auprès des entreprises chinoises.

Premiers débouchés du luxe, les États-Unis ont également annoncé une hausse des taxes de 20 % pour l'Union européenne. Dans ce contexte, les prix de Hermès, Louis Vuitton, Chanel, Versace ou Prada risquent de flamber outre-Atlantique. Or, ces marques se contentent d'importer *« les sacs presque terminés pour les reconditionner et y apposer leurs logos »*, d'après Wang Seng, qui n'a visiblement jamais fréquenté les ateliers de Pantin.

« Plus de 60 % des collaborateurs d'Hermès sont employés en France »

La griffe célèbre pour son carré en soie et ses Birkin est même directement mentionnée : *« Imaginez que vous avez un sac Hermès où, au lieu de "Made in France", il est écrit "Made in China". Tout le reste, le cuir, les fermetures et le matériel restent identiques. Votre sac est-il tout à coup moins luxueux à vos yeux ? Si c'est le cas, c'est que vous avez été trompé et intoxiqué par les campagnes marketing de ces marques de luxe pendant trop longtemps. »* À moins que la campagne trompeuse ne vienne de Wang Seng…

Depuis que les États-Unis ont lancé une guerre commerciale contre le géant asiatique à coups de taxes douanières, des dizaines de milliers de vidéos sont apparues sur TikTok pour vanter les usines chinoises. Les mêmes arguments sont ânonnés, en anglais, par des créateurs de contenu qui affirment, pour certains, avoir *« un ami, manager chez Louis Vuitton, pour qui les sacs coûtent moins de 50 dollars »*.

Le sujet a généré plus de 2 milliards de vues selon le décompte de Bloom, une société spécialisée dans l'écoute des tendances et des opérations d'influence sur les réseaux sociaux. *« Des signes d'inauthenticité sont détectés dès le 12 avril, avec la création de 28 faux comptes TikTok appelés "user" republiant les vidéos des influenceurs internationaux réagissant aux vidéos des influenceurs chinois »*, indique également Bloom. Wang Seng lui-même se présentait comme le patron d'une entreprise spécialisée dans l'export de voitures dans des vidéos publiées un an plus tôt sur TikTok.

Pour organisée qu'elle soit, sa campagne ne lève-t-elle pas le voile sur une partie de la vérité ? Autrement dit, si Hermès dispose bien d'ateliers à Pantin, Nontron, Bussières ou Challes, ses produits sont-ils tous confectionnés de A à Z en Europe ou font-ils un détour par l'Asie ?

« Depuis que les États-Unis ont lancé une guerre commerciale contre le géant asiatique à coups de taxes douanières, des dizaines de milliers de vidéos sont apparues sur TikTok pour vanter les usines chinoises »

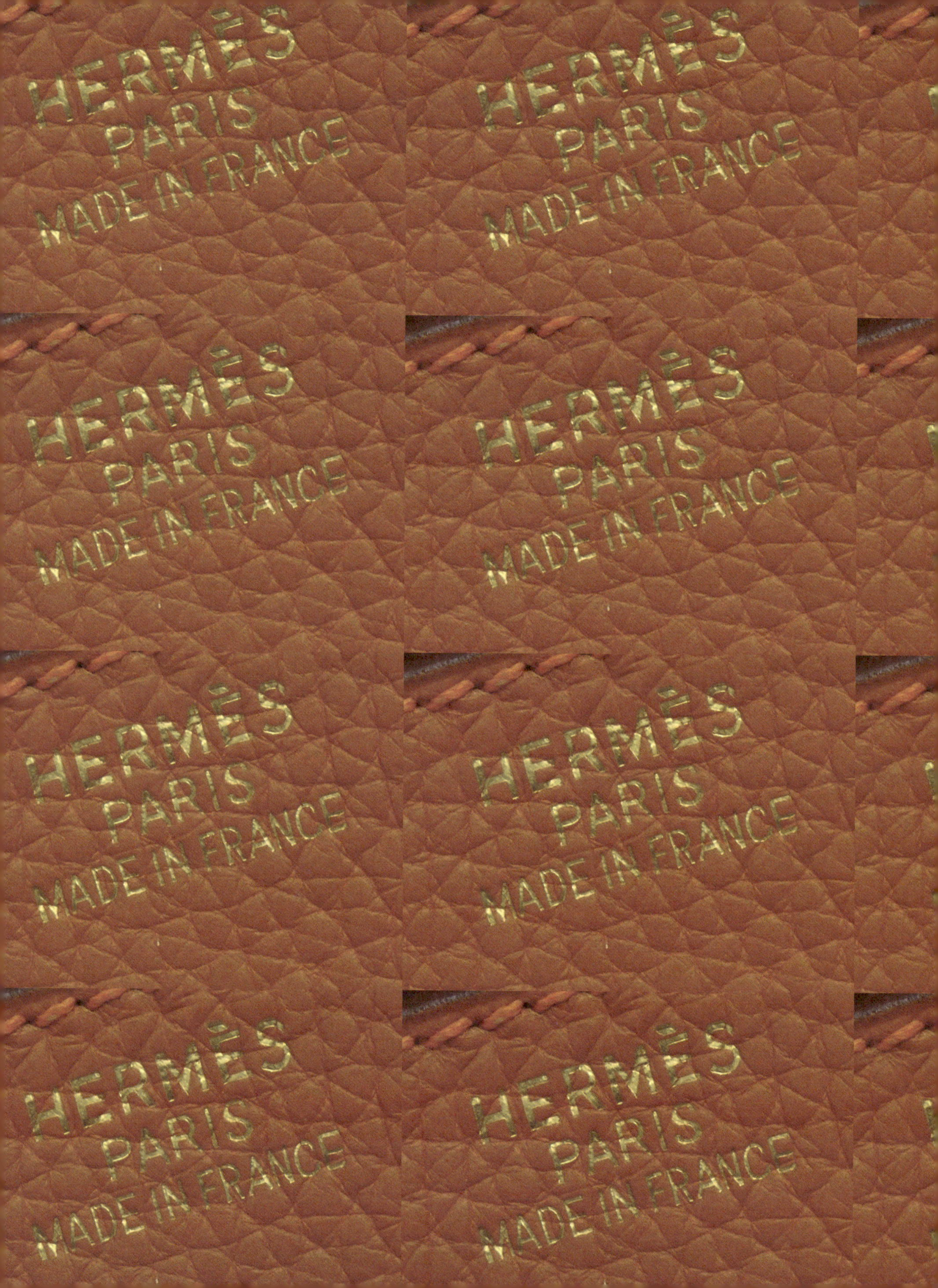
HERMÈS
PARIS
MADE IN FRANCE

« Même si Pékin a un certain savoir-faire, son image reste associée à la contrefaçon, de sorte que les grandes marques préfèrent s'en tenir à bonne distance »

IMAGE : ©MARTIN ABEGGLEN

Dans un entretien accordé au *Figaro* en octobre 2024, Guillaume de Seynes insiste sur le fait que *« chaque sac est fabriqué du début à la fin par le même artisan, après les étapes de coupe et à l'exception des étapes de piquage machine, exercées par une personne qualifiée pour ce savoir-faire spécifique. Nous ne voulons pas renoncer à ce modèle qui, pour nous, est fondateur de notre qualité et de notre identité dans ce métier »*. Sur le site de Louis Vuitton, on peut lire que *« les collections de maroquinerie sont fabriquées exclusivement dans nos ateliers en France, en Espagne, en Italie et aux États-Unis »*.

Une partie de sa production a pourtant été délocalisée en Roumanie. En 2014, une équipe de Complément d'Enquête s'était rendue dans les villes de Cisnadie et à Avrig, en Transnistrie, afin de visiter des usines suspectées de travailler pour LVMH. Ils avaient trouvé porte close. Mais l'information a été confirmée trois ans plus tard par une enquête du *Guardian*. *« Bon nombre de chaussures et de bottes vendues entre 500 et 1800 livres la paire et qui portent la mention "made in Italy" sont, pour une bonne part, fabriquées en Transnistrie »*, écrivait le quotidien britannique.

Il faut dire que les règles d'étiquetage sont plutôt lâches. La Direction générale des Entreprises (DGE) précise que, pour être porteur de la mention *« Fabriqué en France »*, un produit manufacturé doit tirer une part significative de sa valeur d'une ou de plusieurs étapes de fabrication localisées en France et avoir subi sa dernière transformation substantielle en France. Cela permet aux marques de réaliser une partie de la fabrication dans un autre pays.

« Le Made in France peut être contourné », reconnaît Aline Pozzo di Borgo, enseignante spécialiste de l'industrie du luxe à l'European Business School de Paris. Pour ses chaussures, Louis Vuitton exploite trois usines au Portugal, à Ponte de Lima, Santa Maria da Feira et Penafiel. Elles lui fournissent des composants qui sont ensuite assemblés en Italie. L'entreprise a aussi trois sites de production en Espagne, à Barberà del Vallès, Santa Perpètua de Mogoda et Girona. Quand délocalisation il y a, *« c'est plutôt dans des pays européens »*, pointe Aline Pozzo di Borgo.

C'est du moins le cas pour le très haut de gamme représenté par Hermès, Louis Vuitton ou Chanel et Dior. Car des marques moins prestigieuses telles que Ralph Lauren délèguent bien certaines étapes de la production à la Chine, selon la journaliste spécialisée dans la mode Noëmie Leclercq, qui travaille pour le média d'investigation *Glitz*. *« Les doudounes sont fabriquées en Chine et les baskets au Vietnam »*, reconnaissait le PDG de Prada, Patrizio Bertelli, en 2014 dans les colonnes du *Monde*.

Un temps président du groupe Jean-Paul Gaultier, Donald Potard confiait en 2017, au micro de France Inter, que *« très peu de choses sont produites en France »* dans le prêt-à-porter. L'ami d'enfance du grand couturier reconnaissait d'ailleurs avoir apposé le label *« Made in France »* sur une robe fabriquée à 90 % à l'étranger.

Reste que, pour le luxe français, l'Asie est loin d'être un eldorado. *« Quand je travaillais dans la parfumerie, j'ai fait fabriquer des choses en Chine »*, se souvient Aline Pozzo di Borgo. *« Le cahier des charges n'était pas du tout respecté. »* Même si Pékin a un certain savoir-faire, son image reste associée à la contrefaçon, de sorte que les grandes marques préfèrent s'en tenir à bonne distance. Il y a donc de fortes chances que les sacs présentés par Wang Seng soient d'authentiques pastiches.

QUAND LA MARQUE COPERNI REND HOMMAGE AUX BONNES VIEILLES LAN DES ANNÉES 2000 POUR SON DÉFILÉ

IMAGE : ©ULYCES

« En suivant leur parcours, les spectateurs ont découvert un décor composé par une myriade d'ordinateurs, sur lesquels des gamers s'affrontaient en réseau »

Le défilé le plus joueur de l'année a commencé dans une ambiance tout à fait sérieuse. Alors que l'Adidas Arena de Paris était plongée dans l'obscurité, ce dimanche 9 mars 2025, des mannequins aux visages sombres ont cheminé dans un trait de lumière. En suivant leur parcours, les spectateurs ont découvert un décor composé par une myriade d'ordinateurs, sur lesquels des gamers s'affrontaient en réseau.

Pour présenter sa collection automne-hiver 2025-2026, la marque française Coperni avait organisé une *« LAN Party »*. Avec cet événement au bon goût des années 1990-2000, ses fondateurs Sébastien Meyer et Arnaud Vaillant entendaient rendre hommage à la culture gaming et sceller son union avec la mode.

À cette occasion, ils avaient invité une pléiade de personnalités d'Internet amatrices de style, à l'image de Léna Situations. Baptisé *« Choose your player »*, le défilé a célébré *« cette sous-culture des années 90 »*, dixit Meyer et Vaillant. Une sous-culture devenue aujourd'hui l'une des matrices de la culture contemporaine.

coperni

LE LIEU DE L'ANNÉE : L'APPARTEMENT D'AUGUSTE PERRET À PARIS

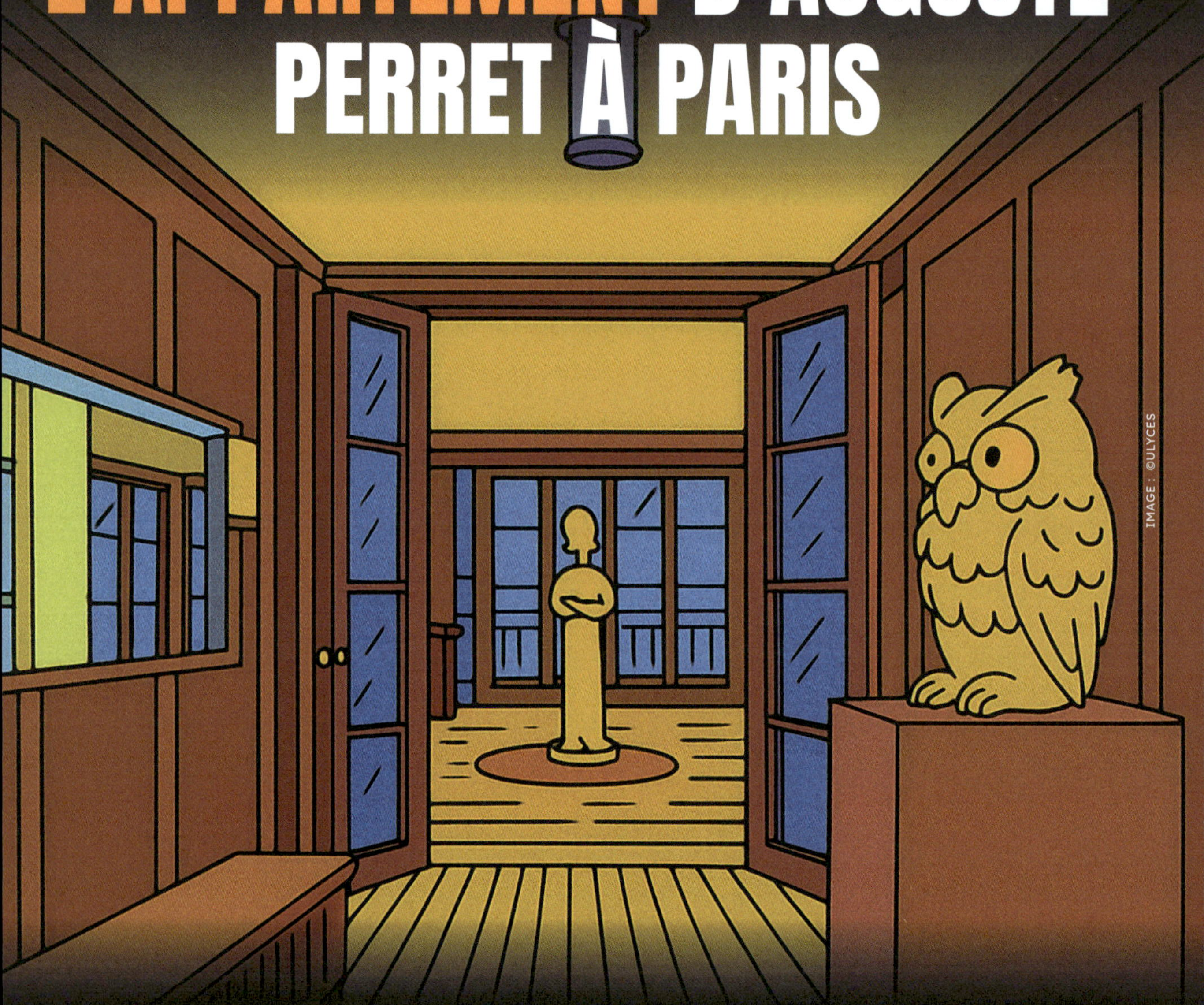

IMAGE : ©ULYCES

Une quarantaine de silhouettes se déplacent autour de *La Baigneuse se coiffant*. La sculpture en bronze de 1930 a été placée au milieu d'un salon aux boiseries Art déco. Elle est signée Aristide Maillol, un artiste cher à Simon Porte Jacquemus. Ce dimanche 26 janvier 2025, le styliste français présente son défilé printemps-été 2025 dans l'appartement de l'architecte Auguste Perret. En 1932, ce pionnier du béton armé a personnellement fait bâtir cet immeuble au 51 de la rue Raynouard pour y élire domicile au septième étage. Avec sa vue panoramique sur le ciel de Paris et son canevas de mosaïques, de miroirs et d'appliques, l'appartement a presque volé la vedette au spectacle.

L'OBJET DE L'ANNÉE : LE SAC HERMÈS BIRKIN

IMAGE : ©ULYCES

Tout est parti d'un sac à vomi. Au début des années 1980, Jane Birkin rencontre le président de la maison Hermès, Jean Louis Dumas, dans un avion. Frustrée par le manque de poche des modèles de la marque, la chanteuse britannique en profite pour imaginer un nouveau design qu'elle griffonne sur le sachet en papier prévu pour les passagers sujets au mal de l'air. Dumas lance la production et donne au sac le nom de l'artiste. Quarante ans plus tard, l'accessoire de luxe est devenu un placement plus rentable et moins risqué que l'or ou les actions, d'après une étude du site Baghunter. Là où le principal indice boursier, le S&P500, n'augmentait qu'à une moyenne de 8,65 % entre 1980 et 2015, la valeur du Birkin enflait de 14,2 %. Cela dit, le sac Hermès vaut au moins 8 600 euros. En janvier 2025, *Vanity Fair* indiquait qu'il s'agissait du modèle *« le plus demandé du monde »*. À l'époque, le hashtag #hermesunboxing cumulait 101,7 millions de vues et #birkinunboxing 9,2 millions sur TikTok, où on ne compte plus les influenceurs qui l'affichent fièrement.

LA CITATION DE L'ANNÉE :

« LA NUDITÉ EST INTERDITE SUR LE TAPIS ROUGE »

– L'organisation du Festival de Cannes

IMAGE : ©ULYCES

Mi-avril, les festivaliers qui aiguisaient leurs talons pour monter les marches à Cannes ont reçu une nouvelle version de sa charte. Le document interdit le port de baskets et prescrit les robes *« dont le volume entrave la bonne circulation des invités »*. Autre précision importante : *« Pour des raisons de décence, la nudité est interdite sur le tapis rouge, ainsi que dans toute autre zone du festival. »* Une directive qui ne s'adresse que de manière voilée à Bella Hadid, Nadia Lee Cohenqui et Vicky Krieps, dont les robes transparentes avaient été remarquées en 2024. À moins que les organisateurs ne craignent de voir quelqu'un imiter Bianca Censori, qui était presque nue aux Grammy Awards 2025. Finalement, tout le monde s'est tenu à carreau.

LA REMONTADA DE L'ANNÉE : LE GOTHIQUE

IMAGE : ©UNIVERSAL PICTURES

Avant de faire ses adieux à Dior, Maria Grazia Chiuri a participé au retour du gothique dans la haute couture. Lors de la présentation de la collection printemps de la marque, en janvier 2025, la styliste italienne a fait défiler des mannequins en dentelles noires, résilles et ballerines à lacets. Une esthétique romantiquement sombre déjà adoptée par des chanteuses comme Billie Eilish, Halsey, Doja Cat ou FKA Twigs, mais aussi portée à l'écran par *Beetlejuice 2* et *Nosferatu*, dans lequel l'égérie darkcore Lily-Rose Depp est la proie d'un vampire. En se diffusant sur les podiums et dans la pop culture, le style a irrigué les réseaux sociaux, où les hashtag #GothicGlam and #RomanticGoth font florès cette année.

BERNARD ARNAULT ET DONALD TRUMP : BROMANCE INATTENDUE

IMAGE : ©THE WHITE HOUSE

Depuis son retour à la Maison-Blanche, en janvier 2025, Donald Trump ne s'est pas fait que des amis sur le Vieux continent. *« L'Union européenne a été conçue pour entuber les États-Unis et ça a marché »*, a-t-il attaqué en février. Mais le président américain peut compter sur le soutien indéfectible du Français Bernard Arnault.

Le patron de LVMH était invité à la Maison-Blanche, mardi 6 mai, à l'occasion des préparatifs de la Coupe du monde de football 2026, organisée conjointement par les États-Unis, le Canada et le Mexique. La filiale de son groupe de luxe, Tiffany, a conçu le trophée de la Coupe du monde des clubs qui s'est disputée outre-Atlantique à l'été 2025. Pour Trump, Bernard Arnault et son fils Alex Arnault sont avant tout *« de très bons amis »*. Il ne leur rend pourtant pas la vie facile.

En imposant des taxes douanières de 20 % sur les produits européens, le milliardaire met à mal une partie des exportations du numéro un mondial du luxe, qui réalise 25 % de ses ventes aux États-Unis. Mais quand Arnault menaçait de délocaliser une partie de sa production en Amérique du Nord, en janvier, il remettait la faute sur la surtaxe d'impôt sur les sociétés du gouvernement Bayrou.

Dans les années 1980, déjà, Bernard Arnault avait fui l'arrivée des socialistes au pouvoir pour faire des affaires aux États-Unis. À New York, il avait rencontré un ambitieux promoteur immobilier, Donald Trump. Ses enfants sont ainsi devenus amis avec la fille du magnat, Ivanka Trump, et son mari, Jared Kushner. Lors de son premier mandat, en 2019, Trump s'était rendu avec Bernard Arnault à l'inauguration d'une usine Louis Vuitton au Texas. Il loue d'ailleurs un espace à la marque au cœur de Manhattan.

Après avoir assisté à son investiture en janvier 2025, Arnault n'a cessé d'appeler les dirigeants européens à régler *« à l'amiable »* les tensions commerciales avec les États-Unis. Qu'importe que ce soit Trump qui ait décidé d'augmenter les taxes douanières. *« Nous sommes fortement sollicités par les autorités américaines à continuer nos implantations d'ateliers »*, disait-il fin janvier. Son groupe réalise 85 milliards d'euros de chiffre d'affaires dans le monde, dont 8 % en France.

COMMENT MAGHLA EST PARVENUE À CONJUGUER STREAMS ET PODIUMS

IMAGES : @MAGHLA

À la voir poser sur le tapis rouge cannois, en mai 2025, on pourrait croire que Maghla a fait ça toute sa vie. Mais avant de jouer avec les caméras, la jeune femme a commencé par les jeux vidéo. Lancée sur Twitch fin 2016, elle est devenue une telle star en ligne, où elle compte plus d'un million d'abonnés, que L'Oréal lui a proposé de défiler sur ses podiums en 2023, puis à nouveau en 2024. Maghla est autant une icône de la mode que d'Internet.

Née le 8 novembre 1993, celle qui s'appelle Barbara au civil a hérité son goût pour les jeux vidéo d'horreur de ses parents. Sitôt arrivée sur Twitch, elle élargit son répertoire avec des titres comme *Doom* ou *Animal Crossing* et est bientôt invitée par des têtes d'affiche du streaming à participer à un tas d'événements comme le Z Event ou le GP Explorer. L'étudiante en ingénierie commerciale a des goûts éclectiques et n'entend pas rester cantonnée au monde des jeux vidéo. Mais la mode n'est pas facile d'accès. *« C'est quelque chose que j'ai toujours aimé, mais étant timide, je n'ai jamais trop osé au début de ma carrière »*, avouera-t-elle sur le plateau de Quotidien, en décembre 2024.

Habituée à prendre la pose devant l'objectif de son compagnon (dont elle s'est depuis séparée), Maghla est contactée par la marque Yves Saint Laurent en 2022. L'année suivante, on peut la voir dans une pub en noir et blanc pour le mascara de la marque. Une collaboration qui met la puce à l'oreille de L'Oréal. En la faisant défiler à la Fashion Week de Paris deux années consécutives, en 2023 et 2024, le groupe de cosmétique réalise doublement son *« rêve »*.

Direc

ROBERT

ed by
3. WEIDE

SPORT

« "T'as vu, c'est le gars qui a dunké sur LeBron" : la nouvelle vie de Yabusele à Philadelphie. » Yann Soudé. *L'Équipe magazine*, octobre 2024.
« First Take. » ESPN, février 2025.
« Tony Parker, La Vraie Interview. » Booska P., septembre 2023.
« Le basketball, élément majeur de l'affirmation nationale de la Lituanie. » Arnaud Serry. *The Conversation*, février 2024.

« Ousmane Dembélé, à toute vitesse. » Antoine Raguin. *France Football*, janvier 2016.
« Les années barcelonaises compliquées d'Ousmane Dembélé. » Tracy Rodrigo. *L'Équipe*, août 2023.

« Le patron de l'UFC Dana White s'associe avec Turki Alalshikh pour créer une nouvelle ligue de boxe. » *L'Équipe*, mars 2025.

« Johann Zarco vainqueur pour l'histoire. » Tanguy Mantovani. Eurosport, mai 2025.

« El Clásico señala a Mbappé. » Carlos Forjanes. AS, octobre 2024.

MUSIQUE

« Bilan du marché de la musique enregistrée en 2024. » Syndicat national de l'édition phonographique (Snep), mars 2025.
« Le rap a gagné. À quel prix ? » Mehdi Maïzi. *La Fabrique*, mars 2025.
« Victoires de la musique 2025 : ventes d'albums, écoutes en streaming… Le rap est-il en recul ? » Éric Bureau. *Le Parisien*, février 2024.
« Hip-Hop Is the Hottest Music of the Streaming Era. Is It Now Cooling Down? » Neil Shah. *Wall Street Journal*, octobre 2022.
« Don't Call It a Comeback: Rap is Rebounding in 2024. » Jordan Rose. *Complex*, avril 2024.

« Is Drake's Drone Video Staged? The Bizarre Story Behind It. » Dimitar Mihov. *Forbes*, février 2025.

CINÉMA

« Who Will Actually Be the Next James Bond? An In-Depth Analysis. » Tom Nicholson et Nick Pope. *Esquire*, avril 2025.
« Who will be the next James Bond? » Jack King et Killian Faith-Kelly. *GQ*, juin 2025.
« Where Is James Bond? Trapped in an Ugly Stalemate With Amazon. » Erich Schwartzel et Jessica Toonkel. *Wall Street Journal*, décembre 2024.
« License to Shill: Inside Amazon's 007 Takeover. » Benjamin Svetkey. *The Hollywood Reporter*, mars 2025.
« Inside the Ending of 'No Time to Die': Daniel Craig and Filmmaking Team Discuss the Shocking Conclusion. » Adam B. Vary. *Variety*, décembre 2021.

« Inside 'Anora's' Oscar Victory: How Scrappy Indie Neon Pulled Off Its Second Best Picture Win in 5 Years. » Brent Lang et Tatiana Siegel. *Variety*, mars 2025.
« Behind Neon's Banner Year and Rivalry With A24. » Pamela McClintock. *The Hollywood Reporter*, septembre 2025.
« Why that $18 million 'Anora' Oscars campaign isn't as big of a deal as you might think. » Lily Hardman. *Far Out Magazine*, mars 2025.
« Oscars New Voting Rule Explained: How the Academy Plans to Enforce Mandatory Viewing. » Clayton Davis. *Variety*, avril 2025.

« "Ce n'est pas une comédie musicale" : Jacques Audiard raconte le tournage du film Emilia Perez. » Konbini, août 2024.
« Karla Sofía Gascón rattrapée par des vieux tweets choquants, triste histoire. » Laurent Rigoulet. *Télérama*, février 2025.

« Peter Dinklage criticises Disney for 'backwards' remake of Snow White and the Seven Dwarfs. » Catherine Shoard. *The Guardian*, janvier 2022.
« Inside Disney's 'Snow White' Fiasco: Death Threats, Beefed-Up Security and a Social Media Guru for Rachel Zegler. » Tatiana Siegel. *Variety*, mars 2025.

« Inside Amazon Studios: Big Swings Hampered by Confusion and Frustration. » Kim Masters. *The Hollywood Reporter*, avril 2023.
« Hell on Middle-earth? The Rings of Power fails to spin streaming gold. » Eric Berger. *The Guardian*, septembre 2024.
« 2024 Year-End Film & TV Report. » *Luminate Data*, janvier 2025.

IA ET TECH

« Why NVIDIA Matters For The Future Of AI. » Tim Bajarin. *Forbes*, mars 2023.
« The Thinking Machine: Jensen Huang, Nvidia, and the World's Most Coveted Microchip. » Stephen Witt. *Bodley Head*, avril 2025.
« The Furious Contest to Unseat Nvidia as King of A.I. Chips. » Don Clark. *The New York Times*, décembre 2024.

Technopolitique. Asma Mhalla. Seuil, février 2024.
Cyberpunk. Le nouveau système totalitaire. Asma Mhalla. Seuil, septembre 2025.

« ChatGPT's viral Studio Ghibli-style images highlight AI copyright concerns. » Matt O'Brien et Sarah Parvini. Associated Press, mars 2025.

« China's subsea data centre could power 7,000 DeepSeek conversations a second: report. » Holly Chik. *South China Morning Post*, février 2025.

« "L'un des plus beaux come-back du business aux États-Unis": Lisa Su, l'architecte de la renaissance du géant des puces AMD ». Lucas Mediavilla. *Le Figaro*, décembre 2024.

NATURE & SCIENCE

« On the ancestry and evolution of the extinct dire wolf. » Gregory Gedman & co. bioRxiv, avril 2025.
« The Return of the Dire Wolf. » Robert Clark. *Time*, avril 2025.
« Can genetically engineered 'woolly' mice help bring back the mammoth? » Michael Le Page. *NewScientist*, mars 2025.
« Meet the 'woolly mouse': why scientists doubt it's a big step towards recreating mammoths. » Ewen Callaway. *Nature*, mars 2025.
« À la poursuite de l'ADN perdu des dinosaures ». Émilie Rauscher. Epsiloon, mai 2022.
« Life will find a way: could scientists make Jurassic Park a reality? » Ian Sample. *The Guardian*, juin 2022.

« Scientists find 'strongest evidence yet' of life on distant planet. » Pallab Ghosh. BBC, avril 2025.

« Confronting risks of mirror life ». Katarzyna P. Adamala & co. *Science*, décembre 2024.
« Des scientifiques appellent à mettre en débat la recherche sur les bactéries miroirs, susceptibles d'"éliminer la vie sur Terre". » Nathaniel Herzberg et David Larousserie. *Le Monde*, mars 2025.

« Digital Screen Time and Myopia: A Systematic Review and Dose-Response Meta-Analysis. » Ahnul Ha, Yun Jeong Lee, Marvin Lee & co. JAMA Network Open, février 2025.
« Community estimate of global glacier mass changes from 2000 to 2023. » The GlaMBIE Team. *Nature*, février 2025.
« Assessment of tire-derived additives and their metabolites into fruit, root and leafy vegetables and evaluation of dietary intake in Swiss adults. » Florian Breider, Thibault Masset,

Kelyan Prud'homme et Beat J. Brüschweiler. *Journal of Hazardous Materials*, janvier 2025.
« Amazon forest felled to build road for climate summit. » Ione Wells. BBC, mars 2025.

« Inducible CCR2+ nonclassical monocytes mediate the regression of cancer metastasis. » Xianpeng Liu & co. *The Journal of Clinical Investigation*, novembre 2024.

JEUX VIDÉO

« The State of Video Gaming in 2025. » Matthew Ball. *Epyllion*, janvier 2025.
« Press Reset: Ruin and Recovery in the Video Game Industry. » Jason Schreier. Little, Brown & Company, mai 2021.
« À Paris, une "journée historique" pour les grévistes du jeu vidéo. ». Aurélien Defer. *Le Monde*, février 2025.
« Ubisoft annonce son chiffre d'affaires du troisième trimestre 2024-25. » Ubisoft.com, février 2025.
« Ubisoft annonce ses résultats pour l'exercice 2024-25. » Ubisoft.com, mai 2025.
« L'industrie du jeux vidéo peut-elle redécoller en 2025 ? » Ivan Le Fou. *Canard PC*, mai 2025.
« Video Games Can't Afford to Look This Good. » Zachary Small. *The New York Times*, décembre 2024.

« Clair Obscur: Expedition 33 review – deeply satisfying homage to Japanese role-playing games. » Malindy Hetfeld. *The Guardian*, avril 2025.
« Baroque breakout hit Clair Obscur: Expedition 33 is unlike any game you've played before. » Keza MacDonald. *The Guardian*, mai 2025.
« Clair Obscur: How a passion project became 2025's most talked-about game. » Mel Ramsay et Tom Richardson. BBC, mai 2025.
« Clair Obscur: Expédition 33 : Les Secrets du développement avec Guillaume Broche. » Coolmide. YouTube. Décembre2024.

« "On est chez nous" : la Karmine Corp a inauguré son stade avec 3 000 supporters. » Corentin Parbaud. *L'Équipe*, décembre 2024.

« The Minh Le interview (full version). » DeZolance. YouTube, février 2025.

« Elon Musk stands accused of pretending to be good at video games. The irony is delicious. » Keza MacDonald. *The Guardian*, janvier 2025.

« These police officers in Denmark are tackling crime by playing online games with kids. » Roselyne Min. Euronews, juillet 2025.

STREAMERS

« Comment AmineMaTue s'est retrouvé sélectionneur de l'équipe de France pour la Kings World Cup. » Antoine Ronté. *L'Équipe*, mars 2024.
« Pourquoi Amine a accepté la Kings League en France ? » Aminematue Clips. YouTube, mars 2025.
« Amine donne des nouvelles de Piqué sur la Kings World Cup. » Aminematue Clips. YouTube, juin 2024.
« "Une magnifique opportunité pour le football" : le patron de la Kings League se confie. » Clément Le Lay. *Ouest France*, avril 2025.

« La vérité sur Vilebrequin et le 1000tipla. » Pierre Chabrier. YouTube, août 2024.
« Pierre Chabrier vous a menti (et bonne année !). » Sylvain Lyve. YouTube, janvier 2024.
« C'est fini. » Vilebrequin. YouTube, décembre 2023.
« La véritable histoire du Comte de Menthe et Cristaux. » Pierre Chabrier. YouTube, février 2025.

« Le youtubeur Vitaly emprisonné aux Philippines après des "pranks" déplacés. » *Le Parisien*, avril 2025.
« Controversial Russian vlogger Zdorovetskiy now under BJMP custody. » Ferdinand Patinio. *Philippine News Agency*, juin 2025.

« Nintendo Fan is Already in Line for Switch 2 Launch. » Brodie Shirey. *GameRant*, avril 2025.

« Xavier Dupont de Ligonnès : comment la traque en ligne d'Aqababe a alimenté le harcèlement d'un streamer. » Luc Peillon. *Libération*, mai 2025.

HUMOUR

« *Astérix et Obélix, le Combat des Chefs* : les secrets de fabrication d'Alain Chabat. » Aurélia Vertaldi. *Le Figaro*, novembre 2024.
« Comment est née la mini-série *Astérix* d'Alain Chabat. » Gaël Golhen. *Première*, mai 2025.
« "Il y a un bon truc dramatique de départ" : Alain Chabat raconte la genèse de la série *Astérix et Obélix : le combat des chefs* sur Netflix ». Laurent Valière. France Info, avril 2024.
« Alain Chabat par Alain Chabat, une leçon de cinéma. » La Cinémathèque, octobre 2017.

STYLE

« Les produits de luxe européens sont-ils fabriqués en Chine ? » Euronews, avril 2025.
« Les grands du luxe fabriquent-ils encore en France ? » Antoine Jeuffin. France Inter, octobre 2017.
« De Riom à Pantin, dans les nouveaux locaux d'Hermès où se transmettent les gestes de l'excellence. » Margaux Krehl. *Le Figaro Madame*, octobre 2024.
« Faux comptes et vidéos virales : comment la contrefaçon chinoise attaque le luxe français sur TikTok ». Maxime Recoquillé. *L'Express*, avril 2025.
« Revealed: the Romanian site where Louis Vuitton makes its Italian shoes. » Alexandra Lembke. *The Guardian*, juin 2017.

« L'appartement inédit de l'architecte Auguste Perret, un chef-d'œuvre Art déco. » Nicolas Milon. *AD Magazine*, janvier 2025.
« Le défilé Jacquemus au sein du splendide appartement d'Auguste Perret. » Salomé Mathieu. *Milk Décoration*, janvier 2025.

« 6 choses à savoir sur le Birkin d'Hermès, le sac le plus demandé du monde. » *Vanity Fair*, janvier 2025.
« Sac Hermès, montre Cartier : peut-on faire une vraie plus-value en investissant dans une pièce de luxe ? » Sofiane Zaizoune. *Le Figaro Madame*, décembre 2024.

« "Bernard, c'est un honneur de vous avoir ici" : Bernard Arnault et son fils, reçus à la Maison Blanche par Donald Trump ». *Libération*, mai 2025.
« Impôts : Bernard Arnault dénonce une "taxe sur le made in France". » *Les Échos*, janvier 2025.

« Maghla, comment les jeux vidéo lui ont permis de vaincre sa timidité. » Quotidien. YouTube, décembre 2024.

On remercie nos éditeurs pour leur enthousiasme, leur expertise et l'énergie qu'ils ont mis dans ce projet, mais aussi pour la confiance presque aveugle qu'ils ont placée en nous ; merci surtout à nos familles pour leur soutien et leur amour ; et merci bien sûr à l'ensemble des équipes d'Ulyces qui rendent possible l'existence de ce média par leur travail et leur passion.

Merci enfin à tous les gens qui, chaque jour, viennent s'informer et parfois se divertir sur nos réseaux.